KB244113

개인별·능력별 학습 프로그램

새기탄® 국어

날마다 쑥쑥 크는 어린이들을 보면 늘 대견하시지요? 그런데 어린이들의 모습이 항상 행복해 보이지 않는 까닭은 무엇일까요?

똑같은 시간에 등교해서 똑같은 교과서로 공부하고, 또 비슷비슷한 학원에, 학습지까지…….

더 크고 넓은 세상을 경험하고 충분히 느끼며 생각해야 할 어린이들이 언제부터인가 신화 속 프로크루스테스의 침대처럼 똑같은 잣대로 제단되고 있는 듯한 느낌을 받으셨을 것입니다. 더불어 학부모님도 그에 맞추기 위해 부담스러운 사교육비를 감수하고 계신 건 아닌지요?

최근 들어 엄마가 직접 자녀의 학습을 이끌고 지도하려는 움직임이 활발하게 일고 있습니다. 이러한 홈스쿨링의 시작은 부족하면 부족한 대로, 넘치면 넘치는 대로 어린이를 인정하고 함께 시선을 맞추려는 마음일 것입니다. 그다음은 어린이가 자기 주도로 공부하고 꾸준히 실천해 나갈 수 있도록 도와주는 것이지요. 개인의 수준과 능력에 맞게 학습량을 정해 꾸준히 학습한다면 더 큰 만족감과 성취감을 느낄 수 있을 테니까요.

특히 국어는 사회, 도덕, 과학 등 모든 과목과 연계될 뿐 아니라 언어 생활의 도구가 되기 때문에 어린이가 말과 글에 흥미를 잃지 않게 하는 것이 중요합니다.

〈새기탄국어〉는 도구 과목인 국어를 영역별로 사고 능력에 맞게 정리하여 체계적, 지속적으로 공부할 수 있도록 방법을 제시합니다. '듣기·말하기, 읽기, 쓰기' 등 국어의 학습 목표에 바탕을 둔 다양한 제재들로 경험의 폭을 넓혀 주고, 좋은 문제들로 학습 능력을 키워 줍니다. 또, 문법·맞춤법 등과 관련한 문제와 서술·논술형 문제 등 고차적 사고 능력에 이르기까지 국어 능력을 통합적으로 향상시켜 문제 해결력을 높여 줍니다. 특히 어린이가 쉽고 간편하게 한 주 학습을 할 수 있도록 주별로 학습지를 분리시킨 4in1 체제를 국내 최초로 도입하였으며, QR코드를 통한 음성 녹음을 들을 수 있는 멀티 시스템을 갖추었습니다.

〈새기탄국어〉는 이미 200만 명이 넘는 어린이가 사용하여 국어 학습의 기본서로 확고히 자리매김한 〈기탄국어〉와 더불어 체계적이고 지속적으로 학습할 수 있는 학습지로 평가받고자 새롭게 탄생했습니다.

〈새기탄국어〉로 어린이가 국어의 영역별 사고 능력을 골고루 키워 자신감 있게 우뚝 설 수 있기를 기대합니다.

기탄교육연구소

〈새기탄국어〉의 특징

개인별·능력별로 공부하는 맞춤형 학습지

교재에 내 실력을 맞추었나요? 이제부터 내 능력에 맞는 교재를 선택하세요. 〈새기탄국어〉는 학년에 관계없이 내 학습 수준에 맞추어 공부하는 개인별·능력별 학습지입니다. 개인의 실력에 맞게 단계를 선택해서 능력에 맞게 학습량을 조절하며 공부하세요.

초등 교과 주제와 연계되는 영역별 학습

〈새기탄국어〉는 '듣기, 말하기, 읽기, 쓰기, 문법' 등 국어의 전 영역은 물론 초등 교과 과정에서 다루고 있는 주제를 체계적으로 분석하여 다양한 텍스트를 통해 이해할 수 있도록 도와줍니다. 또한 서술·논술형 문제들을 충분히 수록하고 있어서 글쓰기 및 논술 능력도 키워 줍니다.

학습자의 학습 능률을 위한 4 in 1 시스템

책이 두꺼우면 학습 능률이 떨어지기 쉽지요. 〈새기탄국어〉는 학습자의 학습 능률을 고려해서 일주일 분량씩 교재가 분리되는 4 in 1 시스템을 국내 최초로 도입했습니다. 각 호마다 국어의 학습 영역이 골고루 들어가게 구성했으며 사이사이에 재미있는 연재 만화와 읽을거리, 활동 자료를 삽입하여 학습의 흥미를 잃지 않도록 했습니다.

실력 향상을 확인할 수 있는 테스트지 제공

언어 능력은 매일, 꾸준히, 반복적으로 공부하는 것이 중요합니다. 〈새기탄국어〉는 매일 학습한 본교재의 내용을 잊지 않고 실력으로 쌓을 수 있도록 호마다 성취도 테스트지를 부록으로 제공합니다. 그리고 한 단계가 끝나면 자신의 실력이 얼마나 향상되었는지 확인할 수 있는 종료 테스트지를 제공하여 단계를 마무리하도록 했습니다.

QR코드를 통한 입체 학습

국어는 의사소통에서부터 섬세한 문학적 표현에 이르기까지 다양하고 포괄적인 영역을 다루고 있습니다. 〈새기탄국어〉는 QR코드를 통한 음성 녹음을 제공하여 생활 속 다양한 문제 상황을 직접 듣고 문제를 효과적으로 해결하도록 했습니다.

〈기탄한글〉과 연계되는 체계적 학습

〈새기탄국어〉는 〈기탄한글〉을 통해 다져진 국어 실력을 초등학교 단계에서도 이어갈 수 있도록 연계되어 있습니다.

〈기탄한글〉과 〈새기탄국어〉 연계표

교재명	단계	권 수(집)	권장 연령 및 학년
기탄한글	A	4	만 2 ~ 3세
	B	4	만 3 ~ 4세
	C	4	만 4 ~ 5세
	D	6	만 5세 ~ 예비 초등
새기탄국어	E	6	초등 1 ~ 2학년
	F	6	초등 2 ~ 3학년

〈새기탄국어〉는 각 단계별로 듣기 · 말하기 영역, 읽기 영역, 문법 영역, 쓰기 영역으로 나누어져 있습니다. 그리고 공부하는 사이사이에 재미있게 읽을 수 있는 학습 만화와 읽을거리를 두었습니다.

내용 구성은 이렇습니다

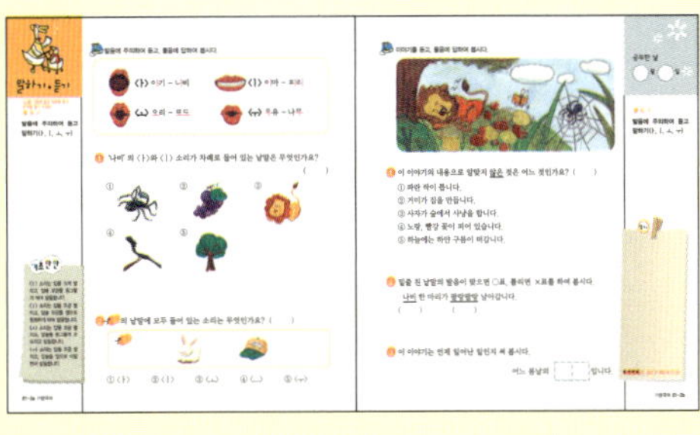

듣기 · 말하기

듣기의 전, 중, 후 활동을 고르게 평가하기 위해 듣기 QR코드를 첨부하여 말소리와 대화, 이야기 등의 다양한 녹음 자료를 듣고, 말하기 활동으로 이어질 수 있는 문제를 다양하게 실었습니다.

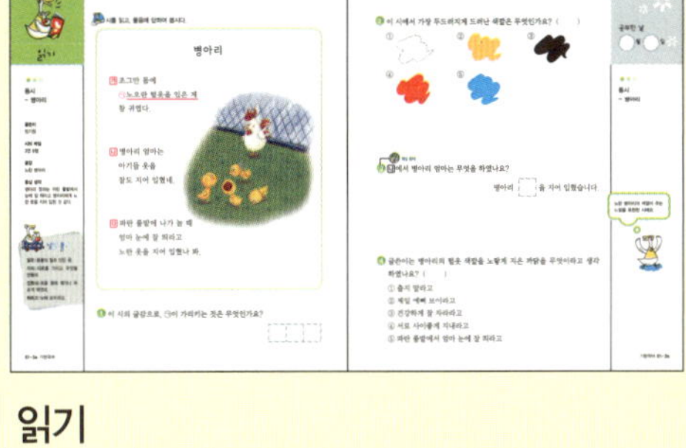

읽기

동시, 동요, 전래 동화, 창작 동화, 생활문, 설명하는 글, 주장하는 글, 전기문 등 다양한 텍스트를 읽고 배경 지식을 활용하여 선택, 추론, 요약, 조정, 평가할 수 있는 문제를 다양하게 실었습니다.

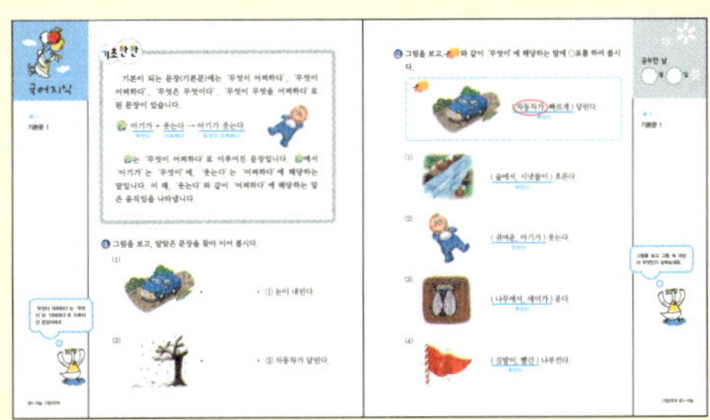

문법

국어 활동의 규칙이 되는 문법을 각 영역에 활용할 때 좀 더 체계적이고 정확하게 습득할 수 있도록 하기 위해 별도의 코너를 마련하여 충분히 연습해 볼 수 있게 했습니다.

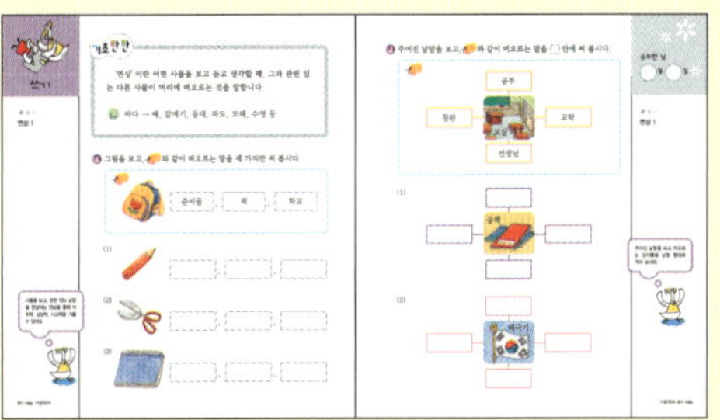

쓰기

내용을 마련하고, 조직하며, 정확하고 효과적으로 표현하기 위한 쓰기 능력을 향상시킬 수 있는 문제는 물론 실제 글쓰는 과정을 알 수 있도록 하는 쓰기 및 논술 문제를 수록했습니다.

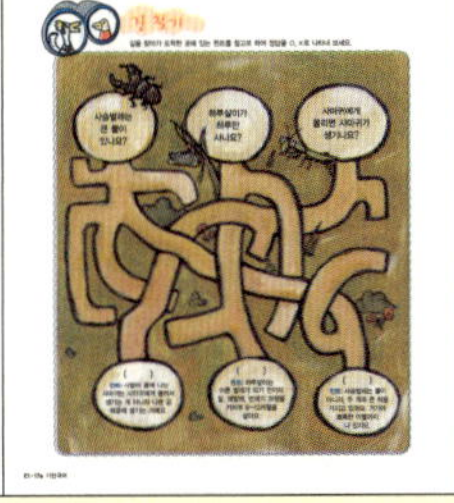

만화 및 읽을거리

아이들이 흥미를 갖는 다양한 주제의 연재 만화(그리스 신화, 명랑, 추리 탐정, 불가사의, 탈무드)와 재미있는 상식, 세계 문화 등의 읽을거리, 길 찾기, 열두 고개, 브레인 퀴즈, 숨은그림찾기 등의 활동을 실었습니다.

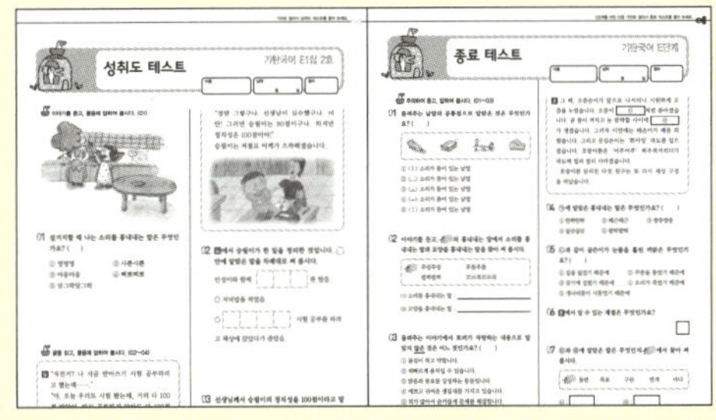

성취도 테스트 및 종료 테스트

각 호 교재의 끝에 성취도 테스트지를 싣고, 각 단계의 끝에 종료 테스트지를 첨부하여 현재 실력을 확인하고 다음으로 넘어갈 수 있도록 했습니다.

정답 및 해설

본교재와 테스트지의 정답과 해설을 자세하게 수록하여 문제를 이해하고 다시 한번 확인하는 데 도움이 되도록 했습니다. 학부모와 자녀가 함께 보며 부족한 부분을 보충하면 효과적입니다.

① 학습자의 능력보다 낮은 단계부터 시작하세요

교재는 어린이의 현재 능력에 맞추어 자신 있게 풀 수 있는 조금 낮은 단계부터 시작할 수 있도록 선택하여 주세요. 처음부터 어려운 단계의 교재부터 시작하면 학습에 흥미를 잃게 될 우려가 있으니, 부담 없이 자신 있게 풀 수 있도록 쉬운 단계부터 시작하여 점진적으로 상위 단계까지 도달하여 성취감을 얻을 수 있도록 진행하여야 합니다.

② 교재 구입 즉시 분책하여 사용하세요

어린이가 불편함 없이 학습할 수 있는 방법을 연구하여 매주 학습할 분량이 별도의 책으로 분리되는 특수 제본(4 in 1 시스템) 체제를 도입하였습니다. 공부를 시작할 때 먼저 분책하여 알맞은 분량을 공부한 뒤, 매주 새로운 기분으로 공부할 수 있도록 해 주세요.

③ 매일 일정한 시간에 규칙적으로 학습하게 하세요

하루 10분을 학습하더라도 규칙적으로 하는 것이 중요합니다. 하루 3~4장의 일정한 학습량을 정하여 꾸준히 공부하는 습관을 갖도록 해 주세요. 어린이 스스로 문제를 적극적으로 이해하고 해결하는 바른 학습 습관이 형성됩니다.

④ 학습한 교재는 부모님께서 확인하여 주세요

학습한 교재는 정답 및 해설을 확인하고 부족한 부분은 다시 한번 복습시켜 주세요. 학습 내용이 영역별로 구분되어 있어서 부족한 부분을 집중적으로 학습할 수 있습니다. 한 호의 학습을 마친 뒤에는 호마다 첨부되어 있는 성취도 테스트를 풀도록 유도해 주세요.

⑤ 해답을 보지 않고 푸는 습관을 들여 주세요

각 호의 정답과 해설이 자세하게 수록되어 있으므로 어린이가 스스로 문제를 푼 뒤 이해하지 못한 부분은 직접 확인하고 복습할 수 있습니다. 채점을 마친 뒤에는 반드시 부족한 부분을 확인하고 넘어갈 수 있도록 유도해 주세요.

⑥ QR코드를 통한 음성 녹음을 활용하세요

듣기·말하기 영역은 QR코드를 스캔하여 음성 녹음을 들으면서 학습하므로 듣는 태도, 상황에 맞게 말하는 태도 등의 학습이 효율적으로 이루어집니다. 음성 녹음을 통한 듣기 활동은 어린이가 경험할 수 있는 다양한 상황에 대한 학습을 점검하고, 보다 입체적인 학습 효과를 거둘 수 있습니다.

⑦ 각 호별 읽을거리를 활용하세요

학습의 흐름에 맞춘 유익하고 흥미로운 읽을거리가 풍부하게 실려 있습니다. 흔히 지나칠 수 있는 이야기들에 관심을 가지고 다양하게 사고할 수 있도록 도와주는 읽을거리를 통해 학습의 재미를 높여 주세요.

⑧ 성취도 테스트와 종료 테스트를 풀어 보세요

각 호의 학습을 마치면 성취도 테스트를 실시하고, 각 단계의 학습을 마치면 종료 테스트를 실시하여 학습한 내용을 확인할 수 있도록 유도해 주세요. 그리고 각 영역별로 부족한 부분을 복습할 수 있도록 이끌어 주세요.

기탄한글 (A~D단계)의 내용 구성은 이렇습니다

● 기탄한글 A단계 호별 학습 주제 및 학습 내용

집	호		영역	학습 주제	한글 학습 내용	부교재
A 1집	1	1a ~ 12a	인문	나의 인식	낱말 익히기 1	
	2	13a ~ 24a	사회	가족	낱말 익히기 2	
	3	25a ~ 36a	과학	동물 1	낱말 익히기 3	
	4	37a ~ 48a	문화 · 예술	동요	낱말 익히기 4	
A 2집	5	49a ~ 60a	인문	아이의 생활 소품	그림 보고 낱말 말하기 1	낱말 카드
	6	61a ~ 72a	사회	우리 집	그림 보고.낱말 말하기 2	
	7	73a ~ 84a	과학	과일과 채소	그림 보고 낱말 말하기 3	
	8	85a ~ 96a	문화 · 예술	놀이	그림 보고 낱말 말하기 4	
A 3집	9	97a ~ 108a	인문	학용품	그림자 보고 낱말 말하기 1	낱말 카드
	10	109a ~ 120a	사회	집에서 쓰는 물건	그림자 보고 낱말 말하기 2	
	11	121a ~ 132a	과학	꽃과 나무	그림자 보고 낱말 말하기 3	
	12	133a ~ 144a	문화 · 예술	식생활 1	그림자 보고 낱말 말하기 4	
A 4집	13	145a ~ 156a	인문	일상생활	낱자 읽기 1	낱말 카드
	14	157a ~ 168a	사회	우리 동네	낱자 읽기 2	
	15	169a ~ 180a	과학	동물 2	낱자 읽기 3	
	16	181a ~ 192a	문화 · 예술	의생활	낱자 읽기 4	

● 기탄한글 B단계 호별 학습 주제 및 학습 내용

집	호		영역	학습 주제	한글 학습 내용	부교재
B1집	1	1a ~ 12a	인문	감각	모음 'ㅏ', 'ㅓ', 'ㅣ' 익히기	낱말 카드
	2	13a ~ 24a	사회	교통수단 1	모음 'ㅗ', 'ㅜ', 'ㅡ' 익히기	
	3	25a ~ 36a	문화 · 예술	식생활 2	모음 'ㅑ', 'ㅕ', 'ㅛ', 'ㅠ' 익히기	
	4	37a ~ 48a	과학	자연환경	모음 'ㅏ ~ ㅠ' 익히기 종합	
B2집	5	49a ~ 60a	인문	방향 · 위치	모음 'ㅏ', 'ㅓ', 'ㅣ' 쓰기	낱말 카드 쓰기 노트
	6	61a ~ 72a	사회	교통수단 2	모음 'ㅗ', 'ㅜ', 'ㅡ' 쓰기	
	7	73a ~ 84a	문화 · 예술	운동 1	모음 'ㅑ', 'ㅕ', 'ㅛ', 'ㅠ' 쓰기	
	8	85a ~ 96a	과학	수와 숫자	모음 'ㅏ ~ ㅠ' 쓰기 종합	
B3집	9	97a ~ 108a	인문	건강	자음 'ㄱ', 'ㄴ', 'ㄷ' 익히기	브로마이드 쓰기 노트
	10	109a ~ 120a	사회	직업 1	자음 'ㄹ', 'ㅁ', 'ㅂ', 'ㅅ', 'ㅇ' 익히기	
	11	121a ~ 132a	과학	색깔	자음 'ㅈ', 'ㅊ', 'ㅋ', 'ㅌ', 'ㅍ', 'ㅎ' 익히기	
	12	133a ~ 144a	문화 · 예술	액세서리	자음 'ㄲ', 'ㄸ', 'ㅃ', 'ㅆ', 'ㅉ' 익히기	
B4집	13	145a ~ 156a	인문	공공질서	자음 'ㄱ ~ ㅉ' 익히기 종합	낱자 카드 쓰기 노트
	14	157a ~ 168a	사회	공공 기관	자음 'ㄱ ~ ㅉ'이 들어 있는 낱말 익히기	
	15	169a ~ 180a	과학	모양 · 점 · 선	자음과 모음으로 이루어진 글자 익히기 1	
	16	181a ~ 192a	문화 · 예술	운동 2	자음과 모음으로 이루어진 글자 익히기 2	

● 기탄한글 C단계 호별 학습 주제 및 학습 내용

집		호	영역	학습 주제	한글 학습 내용	부교재
C1집	1	1a ~ 12a	인문	옛날과 오늘날	자모음 익히기 1 – 자모음 조합, 덧쓰기	자모음 카드 쓰기 노트
	2	13a ~ 24a	사회	직업 2	자모음 익히기 2 – 자모음 조합, 덧쓰기	
	3	25a ~ 36a	과학	물과 흙	이중 모음 익히기 1 – 덧쓰기	
	4	37a ~ 48a	문화 · 예술	음악 · 악기	이중 모음 익히기 2 – 덧쓰기	
C2집	5	49a ~ 60a	인문	감정과 표현	기본 받침 익히기 1 – 덧쓰기	낱말 빙고 쓰기 노트
	6	61a ~ 72a	사회	사고 · 위험	기본 받침 익히기 2 – 덧쓰기	
	7	73a ~ 84a	과학	날씨와 계절	기본 받침 익히기 3 – 보고 쓰기	
	8	85a ~ 96a	문화 · 예술	미술	기본 받침 익히기 4 – 보고 쓰기	
C3집	9	97a ~ 108a	인문	일과 행동	겹받침 익히기 1 – 덧쓰기	낱말 퍼즐 쓰기 노트
	10	109a ~ 120a	사회	현장 학습	겹받침 익히기 2 – 덧쓰기	
	11	121a ~ 132a	과학	비교	받침 종합 학습 1 – 보고 쓰기	
	12	133a ~ 144a	문화 · 예술	신기한 일들	받침 종합 학습 2 – 보고 쓰기	
C4집	13	145a ~ 156a	인문	우리나라	자모음, 받침 종합 학습 1 – 외워 쓰기	문장 카드 쓰기 노트
	14	157a ~ 168a	과학	시간	자모음, 받침 종합 학습 2 – 외워 쓰기	
	15	169a ~ 180a	사회	초등학교	서술어 익히기 1 – 보고 쓰기	
	16	181a ~ 192a	문화 · 예술	발표회	서술어 익히기 2 – 보고 쓰기	

● 기탄한글 D단계 호별 학습 주제 및 학습 내용

집		호	영역	학습 주제	한글 학습 내용	부교재
D1집	1	1a ~ 12a	인문	여러 가지 기념일	움직임을 나타내는 말 익히기 1	낱말 카드 쓰기 노트
	2	13a ~ 24a	사회	지역 환경	움직임을 나타내는 말 익히기 2	
	3	25a ~ 36a	문화 · 예술	대중 매체	상태나 성질을 나타내는 말 익히기 1	
	4	37a ~ 48a	과학	전기 · 전자 제품	상태나 성질을 나타내는 말 익히기 2	
D2집	5	49a ~ 60a	사회	환경 오염	주어와 서술어로 이루어진 기본 문장 익히기 1	문장 카드 쓰기 노트
	6	61a ~ 72a	인문	세계 여러 나라	주어와 서술어로 이루어진 기본 문장 익히기 2	
	7	73a ~ 84a	과학	지구와 우주	조사 '이/가', '은/는' 익히기	
	8	85a ~ 96a	문화 · 예술	우리나라의 명절	조사 '을/를' 익히기	
D3집	9	97a ~ 108a	인문	취미 생활	조사 '와/과' 익히기	문장 만들기 쓰기 노트
	10	109a ~ 120a	사회	돈과 시장	조사 '에', '에서', '에게' 익히기	
	11	121a ~ 132a	과학	소화와 배설	조사 종합 학습	
	12	133a ~ 144a	문화 · 예술	지역 문화	문장 완성하기	
D4집	13	145a ~ 156a	과학	성장과 변화	문장 꾸미기 – 흉내 내는 말	함께 만드는 그림 동화 쓰기 노트
	14	157a ~ 168a	인문	인터넷	문장 꾸미기 – 꾸며 주는 말	
	15	169a ~ 180a	사회	공동 생활	문장 꾸미기 종합 학습 1	
	16	181a ~ 192a	문화 · 예술	캠프	문장 꾸미기 종합 학습 2	

집		호	영역	학습 주제	도입마당(듣기·말하기)	이해마당(읽기)	한글마당(문법)	표현마당(활동·쓰기)	부교재
D5집	17	193a ~ 204a	인문	자주	이야기의 차례를 생각하며 듣기	전래 동화, 창작 동화	글자 만들기	경험을 떠올려 내용 완성하기	듣기 · 말하기/ 받아쓰기 QR코드 받아쓰기 노트
	18	205a ~ 216a	사회	인사	상황에 맞는 바른 인사말하기	전래 동화, 편지	대상을 나타내는 말	확장된 문장으로 내용 완성하기	
	19	217a ~ 228a	과학	감각	방향에 주의하여 듣기	전래 동화	움직임이나 상태를 나타내는 말	느낌을 살려 일기 쓰기	
	20	229a ~ 240a	문화 · 예술	현장 학습	겪은 일을 정리하여 말하기	동시, 창작 동화, 전래 동화	낱말의 관계	이어질 내용 상상하여 쓰기	
D6집	21	241a ~ 252a	인문	자기소개(나)	자신 있게 자기소개 하기	생활문	꾸며 주는 말	소개하는 글 쓰기	듣기 · 말하기/ 받아쓰기 QR코드 받아쓰기 노트 마무리 평가
	22	253a ~ 264a	사회	학교	사물의 위치를 생각하며 듣기	동시, 생활문	문장 만들기 1	겪었던 내용으로 편지 쓰기	
	23	265a ~ 276a	과학	관찰	자세하게 말하기	동시, 동화	문장 만들기 2	관찰 일기 쓰기	
	24	277a ~ 288a	문화 · 예술	감상	생각이 잘 드러나게 말하기	생활문	이어 주는 말	감상문 쓰기	

▶ 기탄한글 D단계가 끝난 후 바로 새기탄국어 E단계로 이어서 학습하면 효과적입니다.

교과 영역별 언어·사고 학습 프로그램 학습지
새기탄국어(E~F단계)의 내용 구성은 이렇습니다

● 새기탄국어 E단계 호별 학습 내용

집	호	듣기·말하기	읽기	문법	쓰기
E1집	1	발음에 주의하여 듣고 말하기(ㅏ, ㅣ, ㅗ, ㅜ)	동시, 일기, 창작 동화	기본문 1	연상 1
	2	흉내 내는 말 듣고 느낌 말하기 1	동시, 생활문, 창작 동화	기본문 2	연상 2
	3	흉내 내는 말 듣고 느낌 말하기 2	생활문, 전래 동화	기본문 3	연상 3
	4	흉내 내는 말 듣고 느낌 말하기 3	동시, 편지, 생활문	기본문 4	소개하는 글 쓰기 1
E2집	5	발음에 주의하여 듣고 말하기(ㅂ, ㅃ, ㅍ)	동시, 일기, 창작 동화	주어 1	문장 꾸미기 1
	6	흉내 내는 말 듣고 느낌 말하기 4	동시, 창작 동화	주어 2	문장 꾸미기 2
	7	흉내 내는 말 듣고 느낌 말하기 5	편지, 생활문, 전래 동화	주어 3	문장 꾸미기 3
	8	흉내 내는 말 듣고 느낌 말하기 6	생활문, 설명하는 글	주어 4	소개하는 글 쓰기 2
E3집	9	발음에 주의하여 듣고 말하기(ㄱ, ㄲ, ㅋ)	동시, 창작 동화	서술어 1	문장 꾸미기 4
	10	상황에 맞게 인사하기 1	동시, 창작 동화	서술어 2	문장 꾸미기 5
	11	상황에 맞게 인사하기 2	동시, 편지, 생활문, 전래 동화	서술어 3	문장 꾸미기 6
	12	상황에 맞게 인사하기 3	생활문, 설명하는 글	서술어 4	초대하는 글 쓰기
E4집	13	발음에 주의하여 듣고 말하기(ㅑ, ㅕ, ㅛ, ㅠ)	동시, 창작 동화	조사 1	상황에 어울리는 말 쓰기 1
	14	이야기 듣고 말하기 1	동시, 전래 동화, 창작 동화	조사 2	상황에 어울리는 말 쓰기 2
	15	이야기 듣고 말하기 2	편지, 생활문, 설명하는 글	조사 3	상황에 어울리는 말 쓰기 3
	16	이야기 듣고 말하기 3	생활문, 설명하는 글, 극본	조사 4	편지 쓰기 1
E5집	17	발음에 주의하여 듣고 말하기(ㄷ, ㄸ, ㅌ)	동시, 일기, 창작 동화	비슷한 말·반대말 1	까닭이 드러나는 문장 쓰기 1
	18	이야기 듣고 꾸며 말하기 1	동시, 창작 동화	비슷한 말·반대말 2	까닭이 드러나는 문장 쓰기 2
	19	이야기 듣고 꾸며 말하기 2	생활문, 설명하는 글, 전래 동화	뜻이 큰 말·작은 말 1	까닭이 드러나는 문장 쓰기 3
	20	이야기 듣고 꾸며 말하기 3	생활문, 설명하는 글, 전기문	뜻이 큰 말·작은 말 2	일기 쓰기 1
E6집	21	발음에 주의하여 듣고 말하기(ㅈ, ㅉ, ㅊ)	동시, 편지, 창작 동화	수를 세는 말 1	사실과 느낌 1
	22	들어서 알게 된 내용 말하기 1	동시, 창작 동화	수를 세는 말 2	사실과 느낌 2
	23	들어서 알게 된 내용 말하기 2	편지, 생활문, 전래 동화	맞춤법 1	사실과 느낌 3
	24	칭찬하는 말하기	생활문, 설명하는 글	맞춤법 2	일기 쓰기 2

● 새기탄국어 F단계 호별 학습 내용

집	호	듣기 • 말하기	읽기	문법	쓰기
F1집	1	발음에 주의하여 듣고 말하기(ㅐ, ㅔ)	동시, 창작 동화, 생활문	꾸며 주는 말 1	사실과 느낌 4
	2	안내 방송 듣고 말하기 1	생활문, 전래 동화, 설명하는 글	꾸며 주는 말 2	사실과 느낌 5
	3	안내 방송 듣고 말하기 2	동시, 창작 동화, 생활문	꾸며 주는 말 3	사실과 느낌 6
	4	안내 방송 듣고 말하기 3	동시, 생활문, 전래 동화	꾸며 주는 말 4	생활문 쓰기 1
F2집	5	발음에 주의하여 듣고 말하기(ㅘ, ㅞ)	동시, 생활문, 창작 동화	꾸며 주는 말 5	사실과 의견 1
	6	시나 이야기를 듣고 떠오르는 장면 말하기 1	동시, 창작 동화, 설명하는 글	꾸며 주는 말 6	사실과 의견 2
	7	시나 이야기를 듣고 떠오르는 장면 말하기 2	전래 동화, 설명하는 글	뜻이 통하는 문장 만들기 1	사실과 의견 3
	8	시나 이야기를 듣고 떠오르는 장면 말하기 3	동시, 창작 동화, 생활문	뜻이 통하는 문장 만들기 2	생활문 쓰기 2
F3집	9	발음에 주의하여 듣고 말하기(ㅅ, ㅆ)	동시, 창작 동화, 생활문	뜻이 통하는 문장 만들기 3	사실과 의견 4
	10	아는 것을 자세하게 말하기 1	일기, 전래 동화, 주장하는 글	문장 부호	사실과 의견 5
	11	아는 것을 자세하게 말하기 2	동시, 창작 동화, 설명하는 글	가리키는 말 1	사실과 의견 6
	12	아는 것을 자세하게 말하기 3	동시, 극본, 창작 동화	가리키는 말 2	편지 쓰기 2
F4집	13	발음에 주의하여 듣고 말하기(긴소리, 짧은소리)	동시, 전래 동화, 설명하는 글	글자는 같지만 뜻이 다른 낱말 1	육하원칙 1
	14	이야기 듣고 생각이나 느낌 말하기 1	동시, 창작 동화, 주장하는 글	글자는 같지만 뜻이 다른 낱말 2	육하원칙 2
	15	이야기 듣고 생각이나 느낌 말하기 2	동시, 창작 동화, 독서 감상문	예사말과 높임말 1	육하원칙 3
	16	이야기 듣고 생각이나 느낌 말하기 3	동시, 극본, 전기문	예사말과 높임말 2	동시 쓰기 1
F5집	17	발음에 주의하여 듣고 말하기(긴소리, 짧은소리)	편지, 창작 동화, 독서 감상문	예사말과 높임말 3	육하원칙 4
	18	이야기를 듣고 인물의 행동 파악하기 1	동시, 전래 동화, 설명하는 글	예사말과 높임말 4	육하원칙 5
	19	이야기를 듣고 인물의 행동 파악하기 2	동시, 창작 동화, 생활문	조사 5	육하원칙 6
	20	이야기를 듣고 인물의 행동 파악하기 3	동시, 창작 동화, 주장하는 글	조사 6	동시 쓰기 2
F6집	21	발음에 주의하여 듣고 말하기(이어지는 소리)	동시, 전래 동화, 설명하는 글	조사 7	원인과 결과 1
	22	자기주장 말하기 1	창작 동화, 생활문	조사 8	원인과 결과 2
	23	자기주장 말하기 2	동시, 전기문, 설명하는 글	원고지 사용법 1	원인과 결과 3
	24	자기주장 말하기 3	동시, 창작 동화	원고지 사용법 2	독서 감상문 쓰기 1

1

호

기탄국어 E단계 1집 1a~17a

E1집

1a-68a

4 in 1 시스템

기탄국어는 학습 효과를 극대화하기 위해 매주 학습할 분량이 별도의 책으로 특수 제본되어 있습니다.

본 교재는 1권의 책 속에 1주일 학습할 분량의 교재 4권이 들어 있는 4 in 1 시스템으로 제본되어 있습니다. 따라서 4권의 책으로 분리되는 것이 정상적인 제본이며, 호별로 빼내어 학습하시면 아주 효과적입니다.

새기탄® 국어

E1_집 1호
1a-17a

*E1집 1호 1a~17a 학습 내용

교재 번호	영역	학습 내용	듣기 음성 녹음
1a~1b	무엇을 배울까요?	E1집 1호 학습 내용 소개	
2a~2b	듣기 · 말하기	발음에 주의하여 듣고 말하기(ㅏ, ㅣ, ㅗ, ㅜ)	
3a~9b	읽기	동시, 일기, 창작 동화	
10a~10b	연재만화	그리스 신화 – 숲의 요정 1	
11a~13b	문법	기본문 1	
14a~16b	쓰기	연상 1	
17a	쉬어가기	길 찾기	

*학습 진단 관리표

학습 평가	듣기 · 말하기	읽기	문법	쓰기	이번 주는?
	아주 잘했어요.	아주 잘했어요.	아주 잘했어요.	아주 잘했어요.	**학습 방법** ① 매일매일 ② 가끔 ③ 한꺼번에 – 하였습니다.
	잘했어요.	잘했어요.	잘했어요.	잘했어요.	**학습 태도** ① 스스로 ② 억지로 – 하였습니다.
	보통이에요.	보통이에요.	보통이에요.	보통이에요.	**교재 내용** ① 재미있다고 ② 쉽다고 ③ 어렵다고 – 하였습니다.
	노력하세요.	노력하세요.	노력하세요.	노력하세요.	

지도 교사가 부모님께	부모님이 지도 교사께

종합 평가	ⓐ 아주 잘했어요 ⓑ 잘했어요 ⓒ 보통이에요 ⓓ 노력하세요

원(교)　　　　　반　이름　　　　　　　　전화

무엇을 배울까요?

듣기 · 말하기 영역에서는 QR을 이용하여 음성 녹음을 듣고, 〈ㅏ〉, 〈ㅣ〉, 〈ㅗ〉, 〈ㅜ〉 소리를 정확하게 발음하고 구별해 봅니다. 읽기 영역에서는 친숙한 글감으로 쓴 동시와 하루 일을 솔직하게 표현한 일기, 생활에서 일어날 만한 일을 담은 짧은 동화를 읽고 누가 무엇을 하였는지 생각해 봅니다. 문법 영역에서는 기본이 되는 문장 형식 중에서 '무엇이 어찌하다'로 이루어진 문장을 알고 써 봅니다. 쓰기 영역에서는 글쓰기에 앞서 가장 기초가 되는 연상 훈련을 통해 어휘력, 창의력, 사고력을 키워 봅니다.

E1집 1호 영역별 학습내용

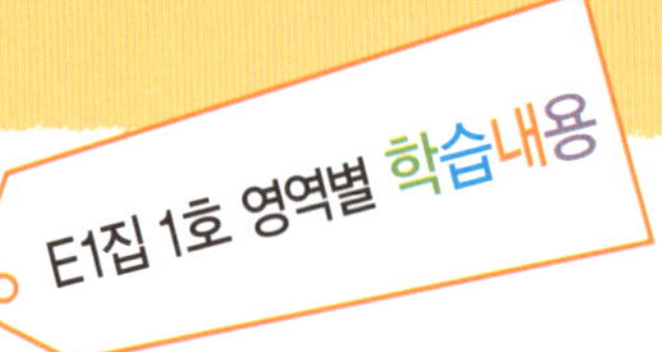

발음에 주의하여 듣고 말하기(ㅏ, ㅣ, ㅗ, ㅜ)
입 모양을 통해 모음 〈ㅏ〉, 〈ㅣ〉, 〈ㅗ〉, 〈ㅜ〉 소리를 정확하게 발음하고, 소리를 듣고 각각의 모음을 구별하여 봅니다.

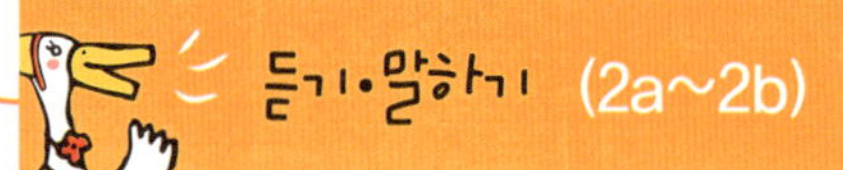

동시 : 병아리
(3a~3b)
노란 병아리를 글감으로 쓴 시로, 노란 병아리의 색깔이 주는 느낌을 표현하였습니다. 병아리의 털이 노란색인 까닭에 대한 글쓴이의 생각을 살펴봅니다.

창작 동화 : 땅은 엄마야
(4a~5b)
참나무 숲에 사는 다람쥐를 걱정하는 이야기 속 인물, 강이의 마음을 통해 자연에 대해 생각해 봅니다.

일기 : 장보기
(6a~6b)
어머니와 함께 제사 준비를 한 일을 글감으로 쓴 일기입니다. 추운 겨울날 어머니와 장을 보면서 어떤 일들을 했고, 어떤 생각이나 느낌이 들었는지 살펴봅니다.

창작 동화 : 용감한 축구 선수
(7a~9b)
축구를 좋아하고 발이 빠른 승빈이가 위험에 처한 아이를 용감히 구해 냈다는 창작 동화입니다. 이야기를 읽으면서 승빈이가 한 일을 살펴봅니다.

기본문 1
기본이 되는 문장 중에서 '무엇이 어찌하다'로 이루어진 문장에 대해 살펴보고, '무엇이 어찌하다'로 이루어진 문장을 만들어 봅니다.

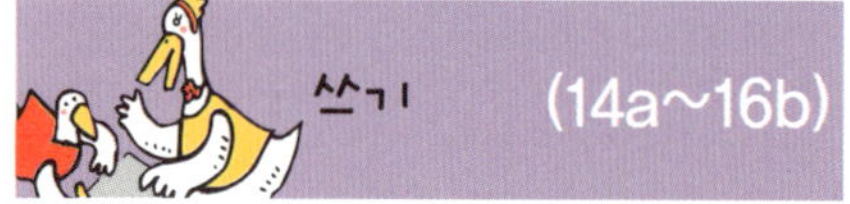

연상 1
사물을 보고 듣고 생각할 때 그와 관련 있는 다른 사물을 머리에 떠올려 봅니다.

E1집 1호 한 눈 에 보 기

• 위의 낱말에서 〈ㅏ〉 소리가 들어간 낱말을 말해 보세요.
나무, 나비

• 토끼가 어찌하나요?
토끼가 뛰어갑니다.

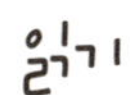

• 아이들이 모여서 무엇을 하나요?
아이들이 숨바꼭질을 합니다.

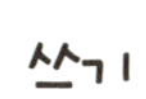

• 그림을 보면 어떤 것들이 떠오르나요?
예 봄, 꽃, 놀이, 나비, 토끼, 파랗다 등

＊ 그림 속 낱말을 모음에 주의하여 소리 내어 읽어 보고, 그림 속 장면을 '무엇이 어찌하다'의 문장으로 나타내어 봅니다. 그림을 보고 떠오르는 생각을 자유롭게 말하여 봅니다.

듣기·말하기

발음에 주의하여 듣고 말하기(ㅏ, ㅣ, ㅗ, ㅜ)

 발음에 주의하여 듣고, 물음에 답하여 봅시다.

〈ㅏ〉 아기 – 나비    〈ㅣ〉 이마 – 피리

 〈ㅗ〉 오리 – 포도    〈ㅜ〉 우유 – 나무

1 '나비'의 〈ㅏ〉와 〈ㅣ〉 소리가 차례로 들어 있는 낱말은 무엇인가요?
(   )

①    ②    ③ 

④    ⑤ 

기초탄탄

〈ㅏ〉 소리는 입을 크게 벌리고, 입술 모양을 동그랗게 하여 발음합니다.

〈ㅣ〉 소리는 입을 조금 벌리고, 입술 모양을 옆으로 평평하게 하여 발음합니다.

〈ㅗ〉 소리는 입을 조금 벌리고, 입술을 동그랗게 오므리고 발음합니다.

〈ㅜ〉 소리는 입을 조금 벌리고, 입술을 앞으로 내밀면서 발음합니다.

2 **보기** 의 낱말에 모두 들어 있는 소리는 무엇인가요? (   )

보기

① 〈ㅏ〉   ② 〈ㅣ〉   ③ 〈ㅗ〉   ④ 〈ㅡ〉   ⑤ 〈ㅜ〉

 이야기를 듣고, 물음에 답하여 봅시다.

발음에 주의하여 듣고
말하기(ㅏ, ㅣ, ㅗ, ㅜ)

1 이 이야기의 내용으로 알맞지 <u>않은</u> 것은 어느 것인가요? (   )

① 파란 싹이 틉니다.

② 거미가 집을 만듭니다.

③ 사자가 숲에서 사냥을 합니다.

④ 노랑, 빨강 꽃이 피어 있습니다.

⑤ 하늘에는 하얀 구름이 떠갑니다.

2 밑줄 친 낱말의 발음이 맞으면 ○표, 틀리면 ✕표를 하여 봅시다.

　<u>나비</u> 한 마리가 <u>팔랑팔랑</u> 날아갑니다.

　(　　　)　　　　　(　　　　)

3 이 이야기는 언제 일어난 일인지 써 봅시다.

　　　　　　　　　어느 봄날의 　　　　 입니다.

듣 기 대 본은 '정답 및 해설'에 있어요.

읽기

 시를 읽고, 물음에 답하여 봅시다.

병아리

가 조그만 몸에
㉠노오란 털옷을 입은 게
참 귀엽다.

나 병아리 엄마는
아기들 옷을
잘도 지어 입혔네.

다 파란 풀밭에 나가 놀 때
엄마 눈에 잘 띄라고
노란 옷을 지어 입혔나 봐.

1 이 시의 글감으로, ㉠이 가리키는 것은 무엇인가요?

● ● ●
동시
– 병아리

2 이 시에서 가장 두드러지게 드러난 색깔은 무엇인가요? (   )

①  ② ③

④ ⑤

 핵심 문제

3 나 에서 병아리 엄마는 무엇을 하였나요?

병아리 ☐ 을 지어 입혔습니다.

4 글쓴이는 병아리의 털옷 색깔을 노랗게 지은 까닭을 무엇이라고 생각하였나요? (   )

① 춥지 말라고

② 제일 예뻐 보이라고

③ 건강하게 잘 자라라고

④ 서로 사이좋게 지내라고

⑤ 파란 풀밭에서 엄마 눈에 잘 띄라고

읽기

글쓴이
이금이

글감
참나무 숲에 사는 다람쥐를 걱정하는 강이

중심 생각
자연을 엄마처럼 생각하고 함께 살아가야 한다.

낱말 풀이

노을: 해가 뜨거나 질 때 하늘이 벌겋게 물드는 현상.
오솔길: 폭이 좁고 호젓한 길.
위태로워: 위험한 듯하여.
묵: 메밀이나 도토리 따위의 앙금을 되게 쑤어 굳힌 음식.

 글을 읽고, 물음에 답하여 봅시다.

땅은 엄마야

　서쪽 하늘에 붉은 노을을 남기며 해가 지고 있습니다. 아빠와 강이는 참나무 숲으로 난 오솔길로 접어들었습니다. 이곳에 이사 온 뒤로 아빠와 강이는 날마다 산책을 합니다.

　앞서 가는 강이는 팔뚝이며 종아리가 갈색으로 그을렸습니다. 강이는 한쪽 다리가 짧아 기우뚱거리며 걷습니다. 그 모습이 위태로워 보여 덥석 안아 올리고 싶지만 아빠는 꾹 참습니다. 영원히 안고 갈 수는 없기 때문입니다.

　"아빠, 저 사람들 뭐 하는 거야?"

　숲속 여기저기에 낯선 사람들이 보였습니다. 도토리를 주우러 온 사람들이었습니다. 도토리를 가져다 시장에 팔거나 묵을 만들어 먹기 위해서라고 합니다.

1 강이와 아빠가 간 곳은 어디인가요?

숲

---

2 아빠가 기우뚱거리며 걷는 강이를 안아 주지 않은 까닭은 무엇인가요?

(   )

① 무거웠기 때문에   ② 창피했기 때문에

③ 팔을 다쳤기 때문에   ④ 강이가 싫다고 했기 때문에

⑤ 영원히 안고 갈 수 없기 때문에

 핵심 문제

3 강이가 참나무 숲에서 본 사람들은 무엇을 하고 있었나요? (   )

① 묵을 팔고 있었습니다.

② 등산을 하고 있었습니다.

③ 산책을 하고 있었습니다.

④ 도토리를 줍고 있었습니다.

⑤ 배드민턴을 치고 있었습니다.

 서술형 문제

4 사람들이 도토리를 주우러 온 이유는 무엇이라고 하였나요?

도토리를 가져다 시장에 팔거나 ___________________________

읽기

 글을 읽고, 물음에 답하여 봅시다.

"아빠, 사람들이 도토리를 다 주워 가면 어떡해?"

강이가 갑자기 걱정스러운 얼굴을 했습니다. 아빠는 영문을 몰라 어리둥절했습니다.

"도토리가 다 없어지면 다람쥐는 뭐 먹고 살아?"

강이는 산책길에 가끔 만나는 다람쥐를 걱정하는 모양입니다.

"다람쥐 먹을 건 남겨 둘 거야."

아빠는 빙그레 웃으며 강이의 머리를 쓰다듬었습니다.

"땅은 엄마야."

강이가 아빠의 손을 잡으며 불쑥 말했습니다. 이번에도 아빠는 강이의 말을 얼른 알아듣지 못했습니다.

"봐, 아빠. 나무랑 풀이랑 꽃이랑 다 땅에서 나오잖아. 나도 엄마 배에서 나왔잖아. 그러니까 땅은 엄마지."

강이의 눈 속에 온 세상이 다 담겨 있습니다.

낱말 풀이

영문: 일이 돌아가는 형편이나 그 까닭.

어리둥절했습니다: 정신이 얼떨떨했습니다.

불쑥: 앞뒤를 헤아림이 없이 함부로 말을 하는 모양.

5 사람들이 도토리를 주워 가는 모습을 보고 강이가 걱정을 한 까닭은 무엇인가요? (　　　)

① 자신이 주울 도토리가 없을까 봐

② 사람들이 다람쥐를 잡아 갈까 봐

③ 다람쥐가 먹을 도토리가 없을까 봐

④ 참나무가 더 이상 자라지 않을까 봐

⑤ 참나무 숲에 사람들이 오지 않을까 봐

창작 동화
– 땅은 엄마야

6 강이에 대한 설명이 맞으면 ○표, 틀리면 ✕표를 하여 봅시다.

(1) 욕심이 많습니다.　　(2) 동물을 사랑합니다.　　(3) 다리가 불편합니다.

(　　　)　　　　　　(　　　)　　　　　　(　　　)

서술형 문제

7 ☐ 안에 알맞은 말을 넣어 강이의 생각을 정리하여 봅시다.

나무랑 풀이랑 꽃이 모두 땅에서 나오니까 ☐ 은 ☐☐ 이다.

읽기

- - -

일기
– 장보기

글쓴이
김종상

글감
제사 음식 장보기

중심 생각
어머니와 제사 장보기를 하여
여러 음식을 샀다.

낱말 풀이

제삿날: 조상님들의 돌아가신 날을 기리기 위해 음식을 차려 놓고 정성을 드리는 것.
포기: 채소를 세는 단위.

 글을 읽고, 물음에 답하여 봅시다.

장보기

2월 5일 목요일

내일은 할아버지의 제삿날이다. 그래서 어머니와 같이 시장에 갔다. 어머니는 도라지, 검은 설탕, 제사 때 쓸 과자, 북어, 약과 등의 음식을 사셨다. 배추도 세 포기나 사고 화장지, 사탕도 사셨다.

무거워서 어머니와 손잡이를 하나씩 잡고 들고 오는데 손이 너무 시렸다. 집에 오자마자 이불 속에 푹 집어넣었더니 손이 간질간질했다.

1 내일은 무슨 날인가요?

할아버지의

2 어머니와 글쓴이가 시장에서 산 물건이 <u>아닌</u> 것은 무엇인가요? (　　　)

① 약과　　② 사탕　　③ 북어

④ 이불　　⑤ 화장지

3 이 글의 계절이 겨울이라는 것을 알 수 있게 하는 부분은 무엇과 무엇 인가요? (　　　)

① 2월 5일
② 제삿날이다.
③ 손이 너무 시렸다.
④ 어머니와 같이 시장에 갔다.
⑤ 과자, 북어, 약과 등의 음식을 사셨다.

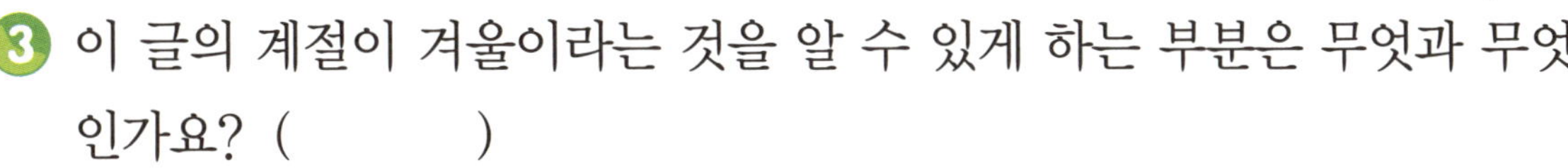

서술형 문제

4 글쓴이가 어머니와 손잡이를 하나씩 나누어 잡고 온 까닭은 무엇인지 써 봅시다.

____

● ● ●

일기
– 장보기

● ● ●

창작 동화
– 용감한 축구 선수

글감
축구 선수가 되고 싶은 승빈이
가 겪은 일

중심 생각
형이 자신을 알아주지 않지만
꿈을 잃지 않는 승빈이가 어느
날 위험에 처한 아이를 용감히
구해 냈다.

낱말 풀이

용감한: 용기가 있으며 씩씩
하고 기운찬.

바람: 바라는 바. 소망.

만족해야: 마음에 부족함이
없이 흐뭇해야.

 글을 읽고, 물음에 답하여 봅시다.

용감한 축구 선수

승빈이는 형이 부러웠습니다. 형처럼 키가 컸으면, 형처럼 용감했으면 좋겠다고 생각했습니다. 무엇보다도 형처럼 멋진 축구 선수가 되었으면 하는 바람을 가지고 있었습니다.

하지만 축구 선수인 형은 승빈이가 겁이 많고 또 축구 선수를 하기에는 너무 작다고 했습니다.

그러나 승빈이는 다르게 생각했습니다.

'겁이 없고 키가 커야 축구를 잘한다면, 우리 반 종인이나 규석이가 ㉠축구 잘하게? 키가 큰 것이 중요한 게 아니라, 얼마나 빠르냐가 중요한 거야.'

승빈이는 할 수 없이 친구들과 축구를 하며 노는 것으로 만족해야 했습니다.

1 승빈이가 부러워하는 사람은 누구인가요?

2 승빈이가 가장 바라는 것은 무엇인가요?

형처럼 멋진 ☐☐ ☐☐ 가 되는 것

3 승빈이와 형의 생각은 무엇인지 알맞게 이어 봅시다.

(1)

승빈

(2)

형

① 축구를 잘하려면 키가 크고 겁이 없어야 함.

② 축구를 할 때에는 얼마나 빠르냐가 중요함.

4 승빈이는 ㉠을 어떤 뜻으로 한 말인가요? (   )

① 축구를 못한다는 뜻   ② 축구를 싫어한다는 뜻
③ 축구를 잘 모른다는 뜻   ④ 축구는 힘든 운동이라는 뜻
⑤ 축구는 지루한 운동이라는 뜻

- - -

창작 동화
– 용감한 축구 선수

낱말 풀이

횡단보도: 안전 표지에 따라 보행자가 그곳을 지나 차도를 건너도록 정해 놓은 도로의 부분.

신호: 일정한 부호나 손짓으로 뜻이 통하게 하는 방법.

속도: 물체가 나아가거나 일이 진행되는 빠르기.

 글을 읽고, 물음에 답하여 봅시다.

토요일 오후, 승빈이는 친구들과 축구를 하였습니다. 공이 양 팀 선수들의 발에서 옮겨질 때마다 열심히 뛰었습니다. 승빈이는 자기만큼 빠르게 달리는 사람은 없다고 스스로 칭찬하면서 신나게 축구를 하였습니다.

축구를 끝내고 친구들과 집으로 돌아오는 길이었습니다. 큰 길 횡단보도에서 신호가 바뀌기를 기다리던 어린아이가 장난을 치다가 들고 있던 공을 놓치고 말았습니다. 공은 차도로 굴러가고, 아이는 공을 잡으려고 빨간불이 켜져 있는 횡단보도로 뛰어들었습니다.

모든 사람들이 "어, 어!" 하면서 놀라고 있을 때, ㉠누군가가 빠른 속도로 아이를 안고 돌아왔습니다. 발이 빠른 승빈이 었습니다.

핵심 문제

5 토요일 오후에 승빈이는 누구와 무엇을 하였나요?

⬜⬜⬜ 과 ⬜⬜ 를 하였습니다.

6 승빈이가 집에 돌아오는 길에 일어난 일은 무엇인가요? (   )

① 승빈이가 형을 만났습니다.

② 축구를 했던 친구들이 싸웠습니다.

③ 두 대의 차가 충돌하는 것을 보았습니다.

④ 승빈이가 축구공을 횡단보도로 찼습니다.

⑤ 어린아이가 횡단보도에서 공을 놓쳤습니다.

7 ㉠은 결국 누구였는지 써 봅시다.

서술형 문제

8 어린아이를 보고 사람들이 놀란 까닭은 무엇인지 ☐ 안에 알맞은 말을 써 봅시다.

어린아이가 공을 잡으려고 ☐☐ 이 켜져 있는 ☐☐

☐☐ 로 뛰어들었기 때문에

● ● ●

창작 동화
– 용감한 축구 선수

●●●

창작 동화
– 용감한 축구 선수

 글을 읽고, 물음에 답하여 봅시다.

"쿵!"

그런데 아이를 안고 뛰어서 돌아오던 승빈이는 급하게 멈춰 선 오토바이와 부딪혀 그대로 기절하고 말았습니다.

주위 사람들이 구급차를 불렀습니다.

"크게 다치지 않아 다행입니다. 다리의 상처는 치료했으니 잠시 누워서 쉬면 괜찮아질 겁니다. 참 용감한 아이예요."

의사 선생님의 말씀이 눈을 감고 누워 있는 승빈이에게도 들렸습니다.

"선생님, 우리 승빈이는 훌륭한 축구 선수가 될 만큼 달리기도 잘하는 용감한 아이랍니다."

'어, ㉠저 목소리는?'

승빈이의 아버지가 승빈이를 자랑스러운 듯이 바라보고 계셨습니다.

낱말 풀이

기절: 한때 정신을 잃음.
구급차: 위급한 환자나 부상자를 신속하게 병원으로 실어 나르는 자동차.

9 그림을 보고, 이 글의 차례대로 번호를 써 봅시다.

(1) (   )

(2) (   )

(3) (   )

(4) (   )

10 ㉠은 누구의 목소리를 가리키는 것인가요?

승빈이의 ☐☐

서술형 문제

11 승빈이의 아버지는 승빈이를 보고 어떤 말씀을 해 주셨는지 ☐ 안에 알맞은 말을 써 봅시다.

승빈이는 훌륭한 ☐☐ ☐☐ 가 될 만큼 달리기도 잘하는 ☐☐☐ ☐☐ 라고 말씀하셨습니다.

숲의 요정 ①

글 · 그림 임난영

그러나 나중에 이 사실을 알게 된 헤라는 화가 나서 에코에게 벌을 내렸습니다.
요정 에코여! 너는 어느 누구에게도 먼저 말을 걸어서는 안 된다.

또 남이 한 말만 따라 해야 한다.
에코는 너무나 슬펐습니다.

오! 불쌍한 에코! 괜찮니?

불쌍한 에코! 괜찮니?
남이 한 말만을 따라 해야 하는 에코는 먼저 말을 걸 수가 없었습니다.

문법

기본이 되는 문장(기본문)에는 '무엇이 어찌하다', '무엇이 어떠하다', '무엇이 무엇이다', '무엇이 무엇을 어찌하다'로 된 문장이 있습니다.

예 아기가 + 웃는다 → 아기가 웃는다.
　　무엇이　　어찌하다　　　무엇이 어찌하다

예 는 '무엇이 어찌하다'로 이루어진 문장입니다. 예 에서 '아기가'는 '무엇이'에, '웃는다'는 '어찌하다'에 해당하는 말입니다. 이때, '웃는다'와 같이 '어찌하다'에 해당하는 말은 움직임을 나타냅니다.

기본문 1

'무엇이 어찌하다'는 '무엇이'와 '어찌하다'로 이루어진 문장이에요.

1 그림을 보고, 알맞은 문장을 찾아 이어 봅시다.

(1)

· · ① 눈이 내린다.

(2)

· · ② 자동차가 달린다.

2 그림을 보고, **보기** 와 같이 '무엇이' 에 해당하는 말에 ○표를 하여 봅시다.

보기

(자동차가, 빠르게) 달린다.
무엇이

(1)

(숲에서, 시냇물이) 흐른다.
무엇이

(2)

(귀여운, 아기가) 웃는다.
무엇이

(3)

(나무에서, 매미가) 운다.
무엇이

(4)

(깃발이, 빨간) 나부낀다.
무엇이

❸ 그림을 보고, 보기 와 같이 '어찌하다' 에 해당하는 말에 ○표를 하여 봅시다.

말이 (빠르게, 달린다).
어찌하다

(1) 

뱀이 (꿈틀꿈틀, 기어간다).
어찌하다

(2) 

금붕어가 (헤엄친다, 혼자서).
어찌하다

(3) 

비행기가 (높이, 날아간다).
어찌하다

(4)

얼음이 (차갑게, 녹는다).
어찌하다

4 그림을 보고, **보기** 와 같이 '무엇이'에 해당하는 말을 골라 ☐ 안에 써 봅시다.

(1)
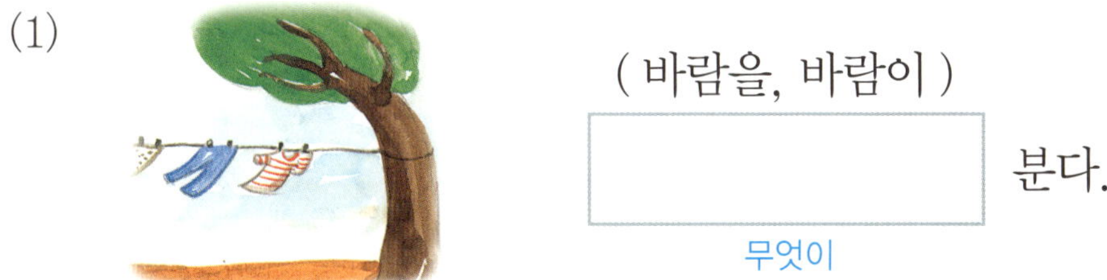

(2)
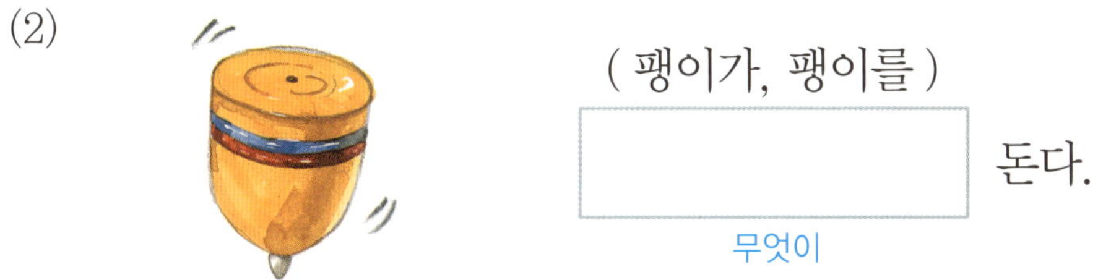

(3)

(4)
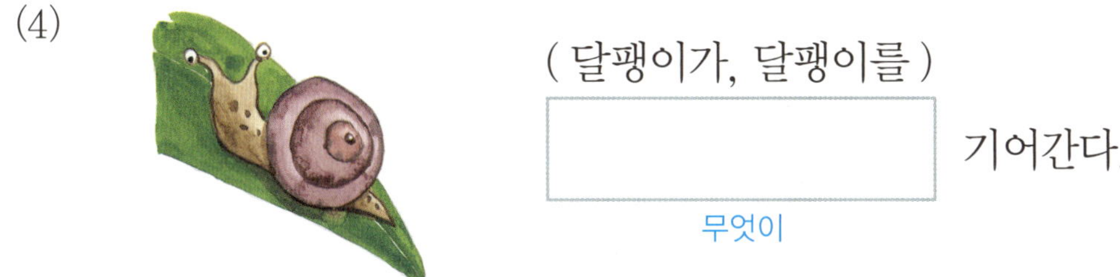

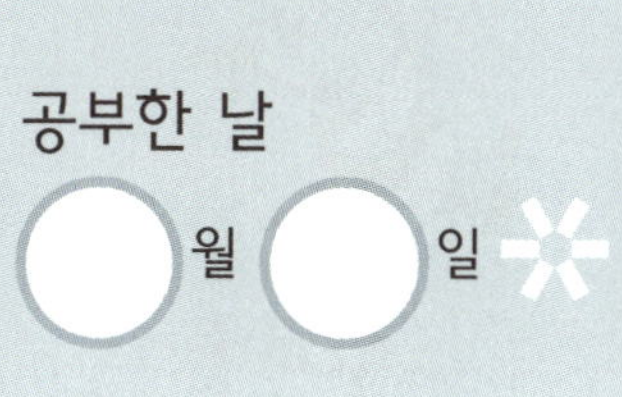

● ● ●

기본문 1

움직이는 주체 '무엇이'를 찾아보세요.

5 그림을 보고, **보기** 와 같이 '어찌하다' 에 해당하는 말을 골라 ☐ 안에 써 봅시다.

보기

(온다, 차갑다)

비가 ☐ **온다** .

어찌하다

(1)

(핀다, 식물이다)

꽃이 ☐ .

어찌하다

(2)

(별이다, 뜬다)

해가 ☐ .

어찌하다

(3)

(친다, 높다)

파도가 ☐ .

어찌하다

(4)

(크다, 자란다)

나무가 ☐ .

어찌하다

 그림을 보고, '무엇이 어찌하다' 로 이루어진 문장을 써 봅시다.

● ● ●

기본문 1

(1) 

노래한다.

(2)

잠잔다.

(3)

나비가　　　　　.

(4)

거북이　　　　　.

(5)

．

연상 1

　‘연상’ 이란 어떤 사물을 보고 듣고 생각할 때, 그와 관련 있는 다른 사물이 머리에 떠오르는 것을 말합니다.

예　바다 → 배, 갈매기, 등대, 파도, 모래, 수영 등

1 그림을 보고, 보기 와 같이 떠오르는 말을 세 가지만 써 봅시다.

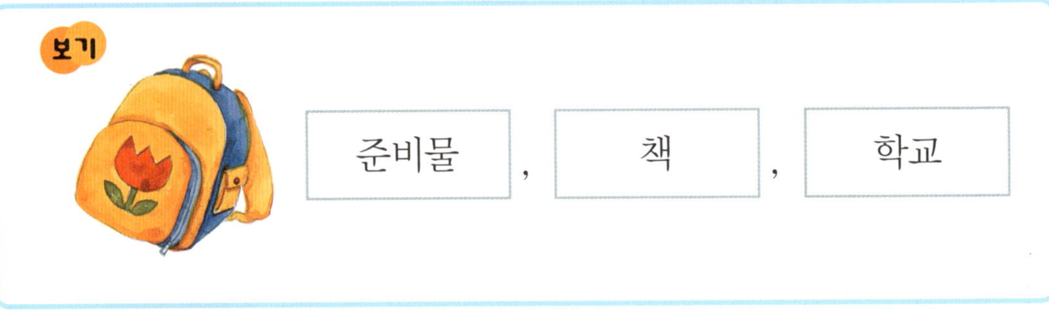

보기

준비물	책	학교

(1) 

(2)

(3)

② 주어진 낱말을 보고, **보기** 와 같이 떠오르는 말을 ☐ 안에 써 봅시다.

보기

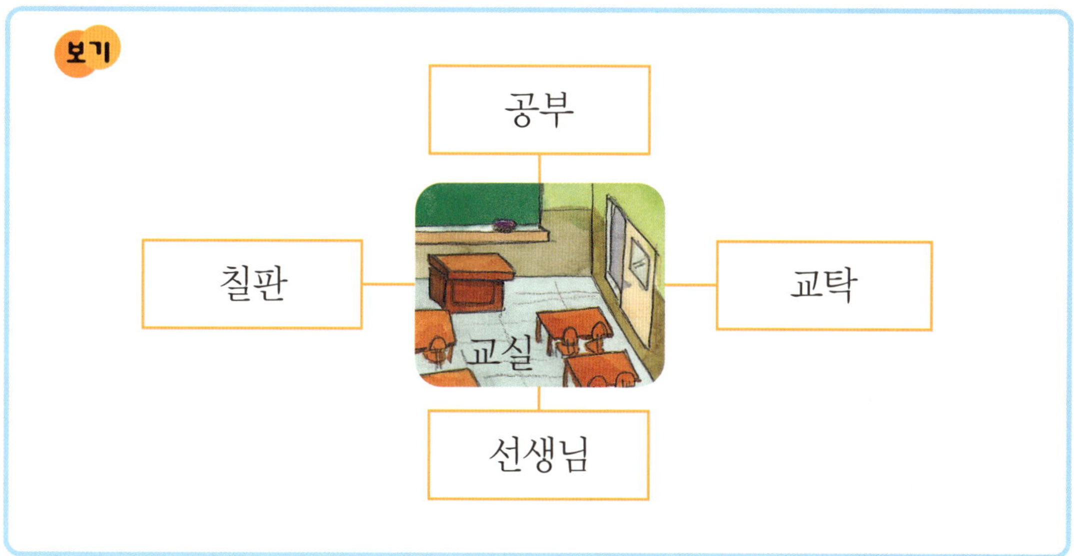

(1)

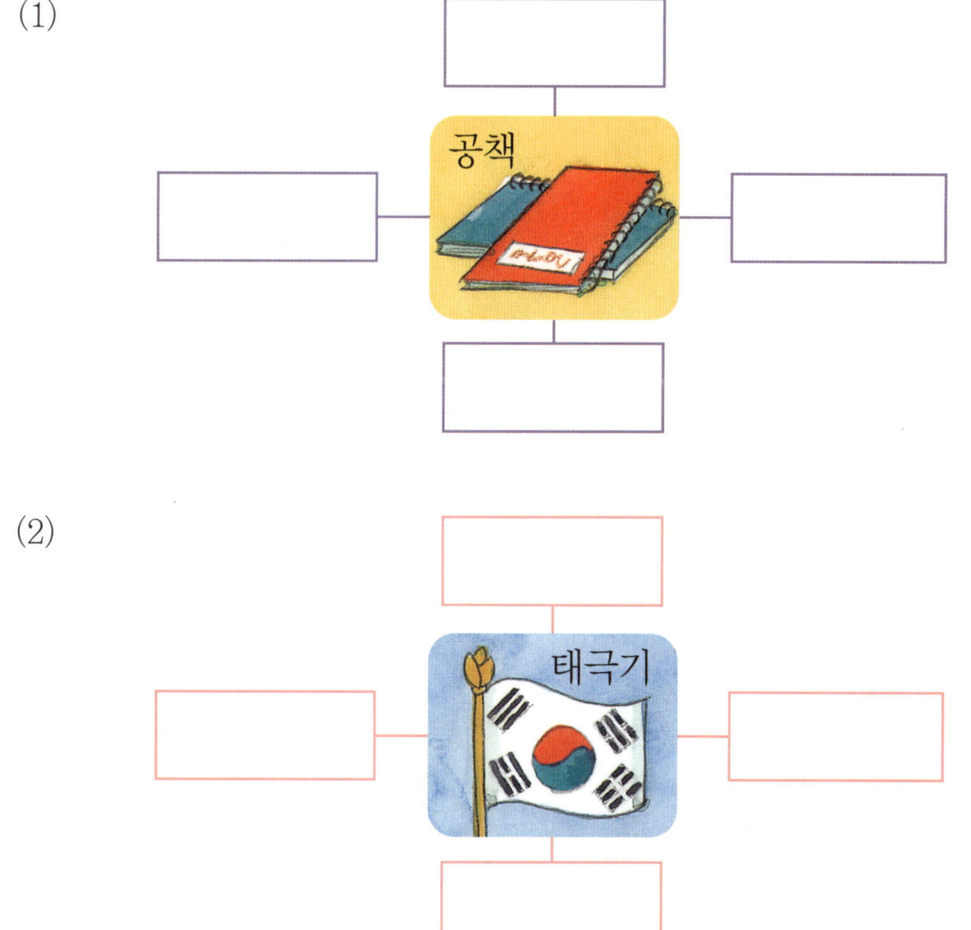

(2)

연상 1

주어진 낱말을 보고 떠오르는 생각들을 낱말 형태로 적어 보세요.

쓰기

연상 1

글감에 대해 최대한 많은 생각을 하는 것(연상하는 것)을 '브레인 스토밍'이라고도 해요.

❸ 그림을 보고, 보기 와 같이 떠오르는 말을 써 봅시다.

보기

거품 | 물 | 목욕탕

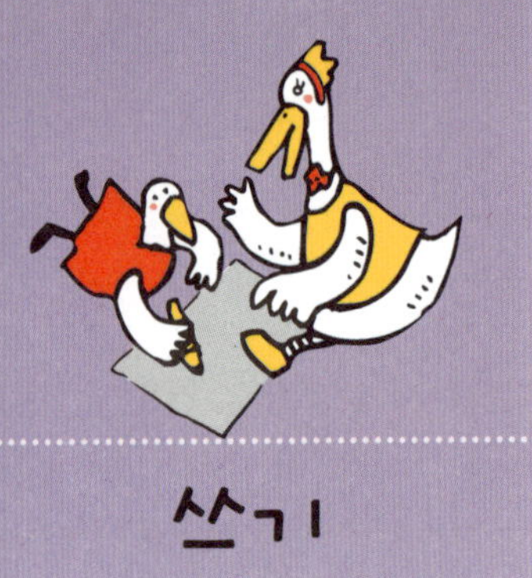

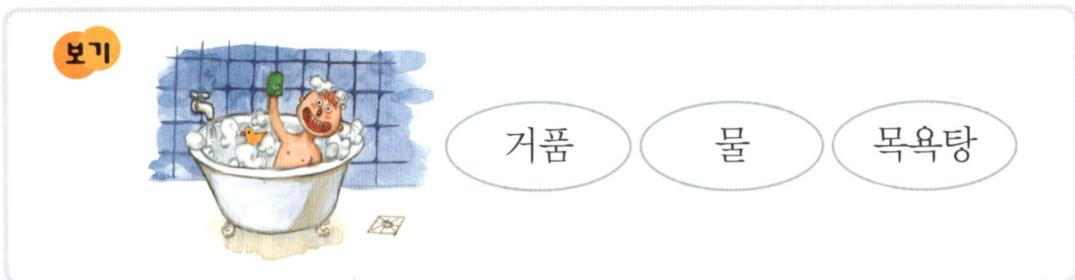

(1)

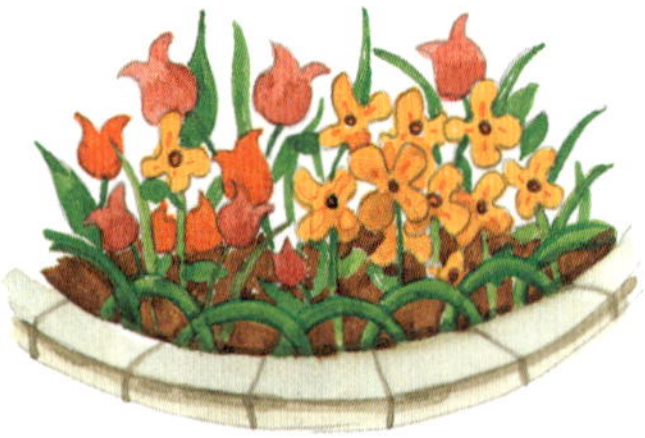

봄 | ( ) | ( )

(2)

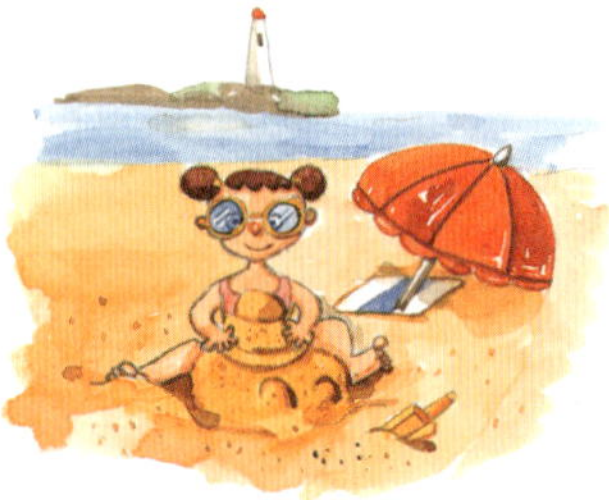

여름 | ( ) | ( )

(3)

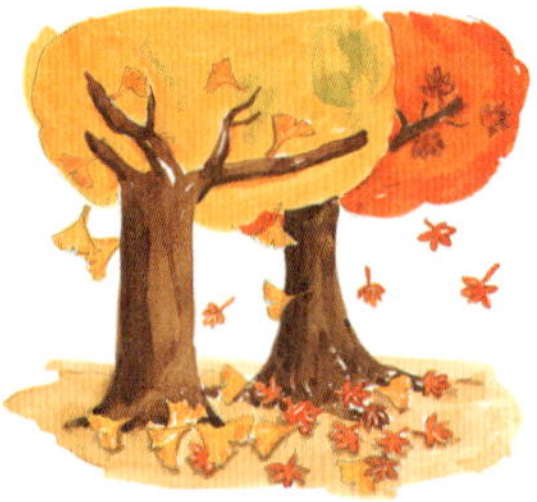

가을 | ( ) | ( )

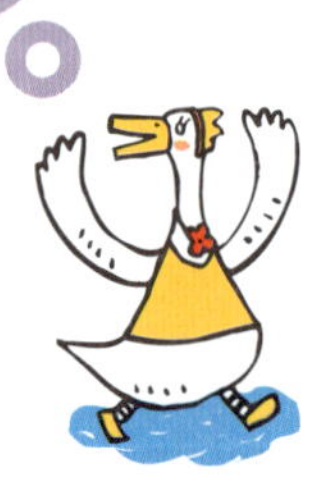

(4)

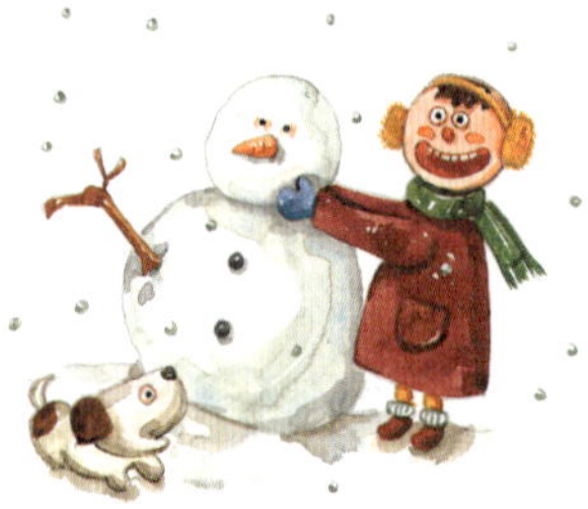

겨울 | ( ) | ( )

4 
보기 와 같이 주어진 낱말에 대해 떠오르는 말을 모두 써 봅시다.

(1)

(2)

(3)

연상 1

5 주어진 색을 보고, **보기** 와 같이 떠오르는 말을 빈칸에 써 봅시다.

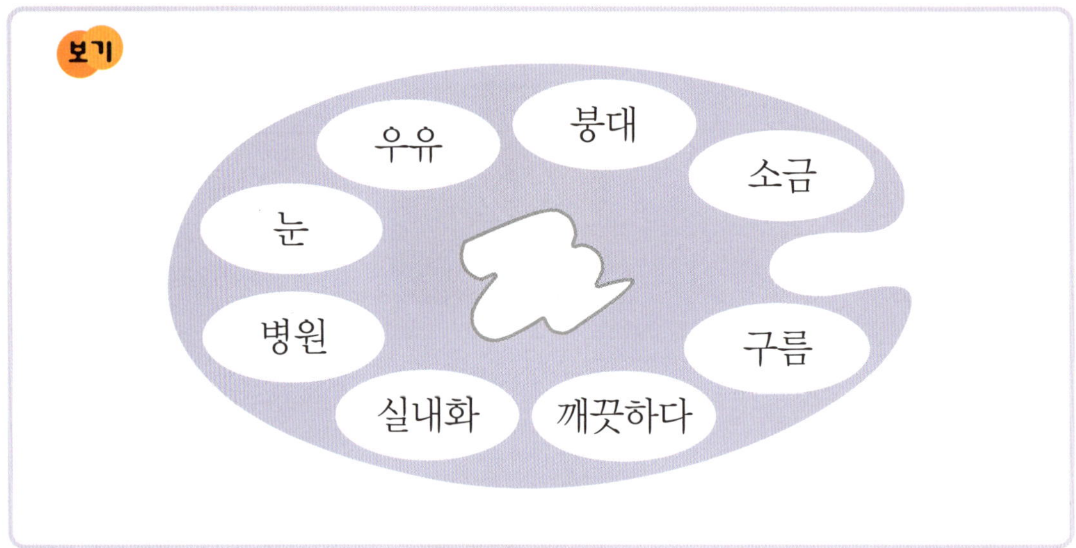

(1)

(2)

공부한 날
월
일

● ● ● ●

연상 1

(3)

병아리
봄

(4)

산
잔디

하나의 낱말을 중심으로 생각을 넓혀 가는 낱말 연상은 글의 재료를 찾을 때 많이 이용해요.

(5)

밤
머리카락

길을 찾아가 도착한 곳에 있는 힌트를 참고로 하여 정답을 ○, ×로 나타내 보세요.

성취도 테스트

이름	날짜	점수
	월 일	

1호 표지의 QR을 이용해 음성 녹음을 듣고 문제를 풀어 보세요.

발음에 주의하여 듣고, 물음에 답하여 봅시다. (01)

01 낱말의 첫 글자에 〈ㅜ〉 소리가 들어 있는 낱말은 어느 것인가요? (   )

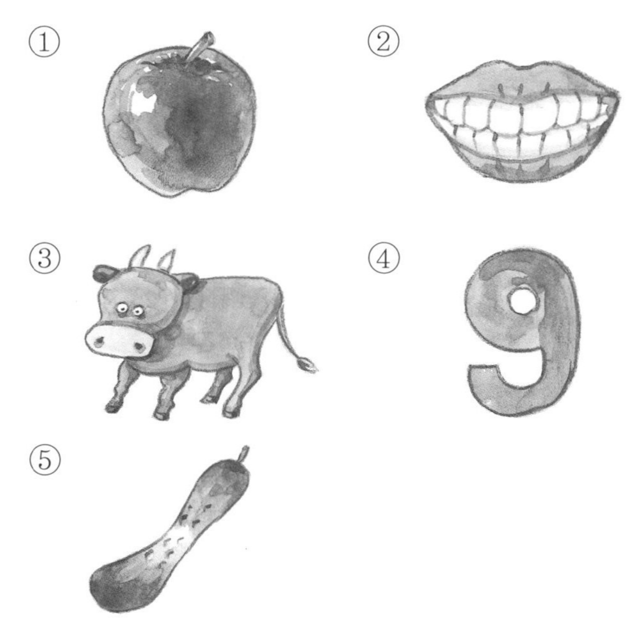

① ② ③ ④ ⑤

글을 읽고, 물음에 답하여 봅시다. (02~04)

가 아빠와 강이는 참나무 숲으로 난 오솔길로 접어들었습니다. 이곳에 이사 온 뒤로 아빠와 강이는 날마다 산책을 합니다.

나 "아빠, 저 사람들 뭐 하는 거야?"
  숲속 여기저기에 낯선 사람들이 보였습니다. 도토리를 주우러 온 사람들이었습니다. 도토리를 가져다 시장에 팔거나 묵을 만들어 먹기 위해서라고 합니다.

다 "아빠, 사람들이 도토리를 다 주워 가면 어떡해?"
  강이가 갑자기 걱정스러운 얼굴을 했습니다. 아빠는 영문을 몰라 어리둥절했습니다.
  "도토리가 다 없어지면 다람쥐는 뭐 먹고 살아?"
  강이는 산책길에 가끔 만나는 다람쥐를 걱정하는 모양입니다.
  "다람쥐 먹을 건 남겨 둘 거야."
  아빠는 빙그레 웃으며 강이의 머리를 쓰다듬었습니다.

라 "봐, 아빠. 나무랑 풀이랑 꽃이랑 다 땅에서 나오잖아. 나도 엄마 배에서 나왔잖아. 그러니까 ㉠땅은 엄마지."

02 이 글에서 강이와 아빠가 한 일로 알맞은 것은 무엇인가요? (   )

① 참나무 숲을 산책하였습니다.
② 숲속에서 도토리를 주웠습니다.
③ 다람쥐에게 먹을 것을 주었습니다.
④ 도토리를 가져다 시장에 팔았습니다.
⑤ 다람쥐를 집에 데리고 가서 길렀습니다.

03 강이는 도토리가 누구의 먹을거리라고 생각하였나요?

04 강이가 ㉠과 같이 말한 까닭은 무엇인지 □ 안에 알맞은 말을 써 봅시다.

나무, 풀, 꽃이 [   ]에서 나오기 때문에

가 형처럼 키가 컸으면, 형처럼 용감했으면 좋겠다고 생각합니다. 무엇보다도 형처럼 멋진 축구 선수가 되었으면 하는 바람을 가지고 있었습니다.

나 토요일 오후, 승빈이는 친구들과 축구를 하였습니다. 공이 양 팀 선수들의 발에서 옮겨질 때마다 열심히 뛰었습니다. 승빈이는 자기만큼 빠르게 달리는 사람은 없다고 스스로 칭찬하면서 신나게 축구를 하였습니다.

다 공은 차도로 굴러가고, 아이는 공을 잡으려고 빨간불이 켜져 있는 횡단보도로 뛰어들었습니다.

모든 사람들이 "어, 어!" 하면서 놀라고 있을 때, 누군가가 빠른 속도로 아이를 안고 돌아왔습니다. 발이 빠른 승빈이었습니다.

라 주위 사람들이 구급차를 불렀습니다.

"크게 다치지 않아 다행입니다. 다리의 상처는 치료했으니 잠시 누워서 쉬면 괜찮아질 겁니다. 참 용감한 아이예요."

의사 선생님의 말씀이 눈을 감고 누워 있는 승빈이에게도 들렸습니다.

05 이 글에서 승빈이가 한 일이 <u>아닌</u> 것은 무엇인가요? (　　)

① 친구들과 축구를 하였습니다.
② 자기 자신을 칭찬하였습니다.
③ 어린아이를 구해 주었습니다.
④ 다친 아이를 병원에 데리고 갔습니다.
⑤ 형처럼 용감했으면 좋겠다고 생각하였습니다.

06 이 글에 나타난 승빈에 대한 설명으로 알맞은 것은 무엇인가요? (　　)

① 샘이 많습니다.
② 몸이 약합니다.
③ 제멋대로 합니다.
④ 달리기를 잘합니다.
⑤ 말을 함부로 합니다.

07 □ 안에 알맞은 '무엇이'에 해당하는 말은 어느 것인가요? (　　)

　　　　　□　　　　　걷는다.

① 소를　　　　　　② 사람과
③ 아이가　　　　　④ 길에서
⑤ 어머니에게

08 '어찌하다'에 해당하는 말에 ○표를 하여 봅시다.

(1) 비가 (내리게, 내린다).

(2) 송아지가 (운다, 음매음매).

09 그림을 보고, 떠오르는 말을 네 가지만 써 봅시다.

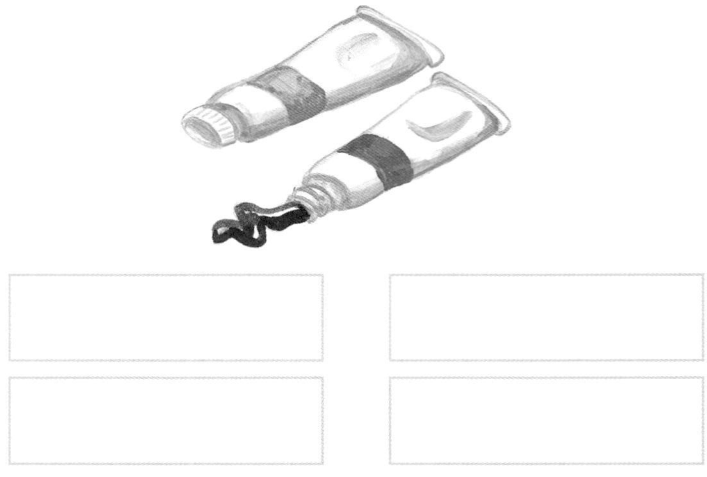

10 주어진 낱말을 보고 떠오르는 말을 빈칸에 써 봅시다.

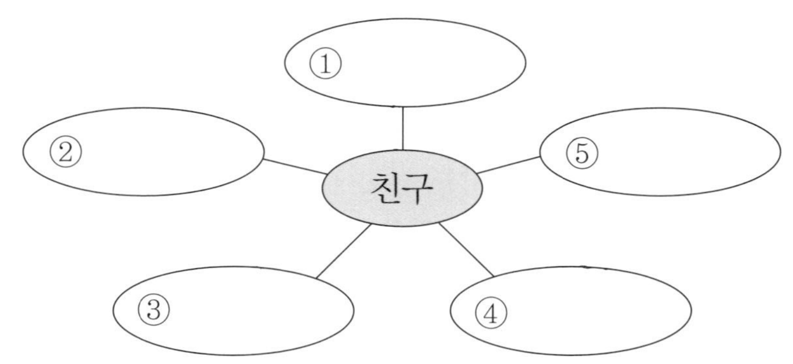

E1집 커리큘럼에 따라 학습이 이루어지며, 각 호 교재의 학습이 끝나면 성취도 테스트를 실시합니다. 성취도 테스트는 각 호별 학습을 마치고 학습 능력을 확인 점검하는 평가입니다.

어머니께서는 아이가 즐거운 마음으로 자신 있게 테스트할 수 있도록 유도해 주시고, 우수한 테스트 결과가 나오면 칭찬하여 주십시오. 영역별 학습 결과에 따라 부족한 부분은 다시 한번 복습하여 주십시오.

학습자의 성취도를 높이고, 다음 학습의 동기를 부여하는 데 테스트의 목적이 있습니다.

기탄국어 E1집 커리큘럼

영역	1호	2호	3호	4호
듣기 · 말하기	발음에 주의하여 듣고 말하기(ㅏ, ㅣ, ㅗ, ㅜ)	흉내 내는 말 듣고 느낌 말하기 1	흉내 내는 말 듣고 느낌 말하기 2	흉내 내는 말 듣고 느낌 말하기 3
읽기	동시, 일기, 창작 동화	동시, 생활문, 일기, 창작 동화	생활문, 전래 동화	동시, 편지, 생활문
연재만화	그리스 신화 – 숲의 요정 1	그리스 신화 – 숲의 요정 2	그리스 신화 – 숲의 요정 3	그리스 신화 – 숲의 요정 4
문법	기본문 1	기본문 2	기본문 3	기본문 4
쓰기	연상 1	연상 2	연상 3	소개하는 글 쓰기 1
쉬어가기	길 찾기	열두 고개	브레인 퀴즈	숨은그림찾기

기탄국어 E1집 1호 성취도 테스트 관리표

문항 수 (10)	영역	학습 평가 기준(정답 수 기준)					
		정답 수	가 군	정답 수	나 군	정답 수	다 군
1	듣기 · 말하기	1	· 학습 성취도가 매우 높습니다.	0	· 현재 잘하고 있으니 더욱 잘할 수 있도록 격려하여 주십시오.	0	· 학습 성취도가 낮은 편입니다.
5	읽기	4~5	· 뛰어난 실력이므로 칭찬을 많이 하여 주십시오.	2~3		0~1	· 자신감을 잃지 않도록 격려하여 주십시오.
2	문법	2		1	· 틀린 부분을 확인한 후 다음 교재를 시작하십시오.	0	· 현재 교재를 복습하여 주십시오.
2	쓰기	2	· 다음 교재를 바로 시작하십시오.	1		0	

펴낸이 : 정지향
펴낸곳 : (주)기탄교육
기획·편집·디자인 : 기탄교육연구소
주소 : 06698 서울특별시 서초구 효령로 40 기탄출판센터
등록 : 제2000-000098호
전화 : (02)586-1007
팩스 : (02)586-2337

※서점에 갈 시간이 없거나 구하기 어려운 분은 인터넷 또는 전화로 신청하세요. 즉시 우송해 드립니다.
www.gitan.co.kr

2^호

2 호

기탄국어 E단계 1집 18a~34a

새기탄® 국어

E1집
2호
18a-34a

*E1집 2호 18a~34a 학습 내용

교재 번호	영역	학습 내용	듣기 음성 녹음
18a~18b	무엇을 배울까요?	E1집 2호 학습 내용 소개	
19a~19b	듣기 · 말하기	흉내 내는 말 듣고 느낌 말하기1	
20a~26b	읽기	동시, 생활문, 일기, 창작 동화	
27a~27b	연재만화	그리스 신화 – 숲의 요정 2	
28a~30b	문법	기본문 2	
31a~33b	쓰기	연상 2	
34a	쉬어가기	열두 고개	

*학습 진단 관리표

	듣기 · 말하기	읽기	문법	쓰기	이번 주는?
학습 평가	아주 잘했어요.	아주 잘했어요.	아주 잘했어요.	아주 잘했어요.	**학습 방법** ①매일매일 ②가끔 ③한꺼번에–하였습니다.
	잘했어요.	잘했어요.	잘했어요.	잘했어요.	**학습 태도** ①스스로 ②억지로–하였습니다.
	보통이에요.	보통이에요.	보통이에요.	보통이에요.	**교재 내용** ①재미있다고 ②쉽다고 ③어렵다고–하였습니다.
	노력하세요.	노력하세요.	노력하세요.	노력하세요.	

지도 교사가 부모님께	부모님이 지도 교사께

종합 평가	ⓐ아주 잘했어요 ⓑ잘했어요 ⓒ보통이에요 ⓓ노력하세요

원(교)　　　　반　이름　　　　　　　　전화

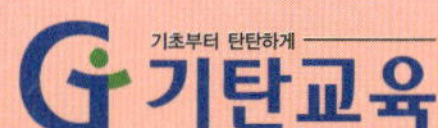

무엇을 배울까요?

듣기 · 말하기 영역에서는 QR을 이용하여 음성 녹음을 듣고, 흉내 내는 말이 들어간 노래나 이야기를 듣고 그 느낌을 말해 봅니다. **읽기 영역**에서는 동시, 생활문, 일기, 창작 동화를 읽고 말이 주는 느낌을 살펴봅니다. **문법 영역**에서는 기본이 되는 문장 형식 중에서 '무엇이 어떠하다' 로 이루어진 문장을 알고 써 봅니다. **쓰기 영역**에서는 1호에서 학습한 연상을 생각 그물을 만들어 다듬어 보도록 합니다.

E1집 2호 영역별 학습내용

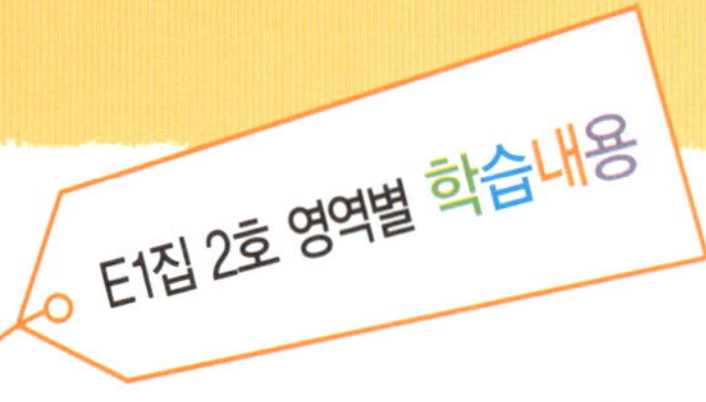 (19a~19b)

흉내 내는 말 듣고 느낌 말하기 1
우리가 잘 알고 있는 동요와 이야기에서 흉내 내는 말을 찾아보고, 흉내 내는 말을 사용하면 어떤 점이 좋은지 함께 생각해 봅니다.

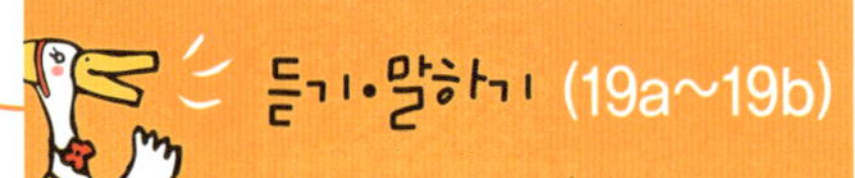

동시 : 누가 누가 잠자나
(20a~20b)

엄마 품에서 밤하늘의 별처럼, 숲속의 새처럼 잠자는 아기의 고운 모습을 표현한 시입니다. 시 속에 쓰인 흉내 내는 말을 찾아봅니다.

생활문 : 죽은 오리
(21a~22b)

죽은 오리에 대한 슬픈 마음이 잘 드러나 있는 생활문입니다. 글 속에 담긴 글쓴이의 마음은 어떠한지 살펴봅니다.

일기 : 지현이의 일기
(23a~23b)

지현이가 우산을 쓴 경험을 동시 형식으로 쓴 일기입니다. 일기를 어떻게 하면 재미있게 표현할지 생각해 봅니다.

창작 동화 : 틀려도 정직하게
(24a~26b)

받아쓰기 시험에서 잘못 채점된 시험지를 선생님께 정직하게 말씀드리는 승필이의 마음은 어떠한지 글을 읽고 느껴 봅니다.

 (28a~30b)

기본문 2
기본이 되는 문장 중에서 '무엇이 어떠하다' 로 이루어진 문장에 대해 살펴보고, '무엇이 어떠하다' 로 이루어진 문장을 만들어 봅니다.

 (31a~33b)

연상 2
연상을 통해 떠올린 생각들이 계속 이어지면 '생각 그물' 이 됩니다. 생각 그물을 통해 떠올린 생각들을 정리해 봅니다.

앞동산의 뻐꾸기야 뒷동산의 꾀꼬리야
우리 아기 잠자는데 가만가만 노래해라.

우리 아기 예쁜 아기 우리 아기 착한 아기
자장자장 잘 자거라 소록소록 잘 자거라.

E1집 2호 한 눈 에 보 기

듣기 말하기
• 아이를 조용히 재우는 소리를 흉내 내는 말을 말해 보세요.
자장자장

읽기
• 뻐꾸기와 꾀꼬리는 어떻게 노래하라고 했나요?
가만가만 노래하라고

문법
• 아기는 어떠한가요?
아기가 예쁩니다.
아기가 착합니다.

쓰기
• '자장가' 하면 어떤 생각이 떠오르나요?
예 자장가 < 아기 ― 천사
엄마 품 ― 포근함

* 위의 시 속에 쓰인 흉내 내는 말이 주는 느낌을 살려서 읽어 보고, 시 속의 아기의 모습을 '무엇이 어떠하다' 의 문장으로 나타내어
봅니다. '자장가' 를 떠올리면 생각나는 것을 생각 그물로 나타내어 봅니다.

2호 표지의 QR을 이용해 음성 녹음을
듣고 문제를 풀어 보세요.

흉내 내는 말 듣고 느낌 말하기 1

 노래를 듣고, 물음에 답하여 봅시다.

1 우리 집 강아지를 무엇이라고 하였나요?

강아지

2 이 노래에서 강아지가 짖는 소리를 흉내 내는 말을 써 봅시다.

3 우리 집 강아지가 꼬리 치며 짖는 이유는 무엇인가요? (   )

① 슬퍼서   ② 졸려서

③ 반가워서   ④ 화가 나서

⑤ 안타까워서

 이야기를 듣고, 물음에 답하여 봅시다.

1 여우는 나무 밑에서 무엇을 하고 있었나요?

여우는 　　　　　 을 쿨쿨 자고 있었습니다.

2 이야기에 나오는 '살랑살랑' 은 무엇을 흉내 내는 말인가요? (　　　)

① 비가 내리는 모양　　　　② 바람이 부는 모양
③ 여우가 잠자는 모양　　　　④ 아이들이 뛰노는 모양
⑤ 재빠르게 도망치는 모양

3 이야기에서 흉내 내는 말을 사용하면 좋은 점이 <u>아닌</u> 것은 어느 것인가요? (　　　)

① 느낌을 실감 나게 표현할 수 있습니다.
② 장면을 자세하게 표현할 수 있습니다.
③ 느낌을 생생하게 전달할 수 있습니다.
④ 장면을 재미있게 나타낼 수 있습니다.
⑤ 장면을 사실과 다르게 나타낼 수 있습니다.

듣 기 대 본 은 '정답 및 해설' 에 있어요.

●●●

동시
– 누가 누가 잠자나

글쓴이
목일신

시의 짜임
3연 12행

글감
별, 산새, 들새, 아기

중심 생각
아기가 엄마 품에서 밤하늘의
별처럼, 숲속의 새처럼 잠잔다.

산새: 산에 사는 새.
꼬박꼬박: 조는 모습을 흉내
내는 '꾸벅꾸벅' 보다 작은 느
낌의 말.
쌔근쌔근: 어린아이가 잠들어
조용하게 자꾸 숨쉬는 소리.

 시를 읽고, 물음에 답하여 봅시다.

누가 누가 잠자나

가 넓고 넓은 밤하늘엔
　　누가 누가 잠자나?
　　하늘 나라 아기별이
　　깜박깜박 잠자지.

나 깊고 깊은 숲속에선
　　누가 누가 잠자나?
　　산새 들새 모여 앉아
　　꼬박꼬박 잠자지.

다 포근포근 엄마 품엔
　　누가 누가 잠자나?
　　우리 아기 예쁜 아기
　　쌔근쌔근 잠자지.

1 넓고 넓은 밤하늘에는 누가 잠잔다고 하였나요?

　　　　　　　　　　　　하늘나라 ☐ ☐ ☐

2 우리 아기 예쁜 아기는 어디에서 잠잔다고 하였나요?

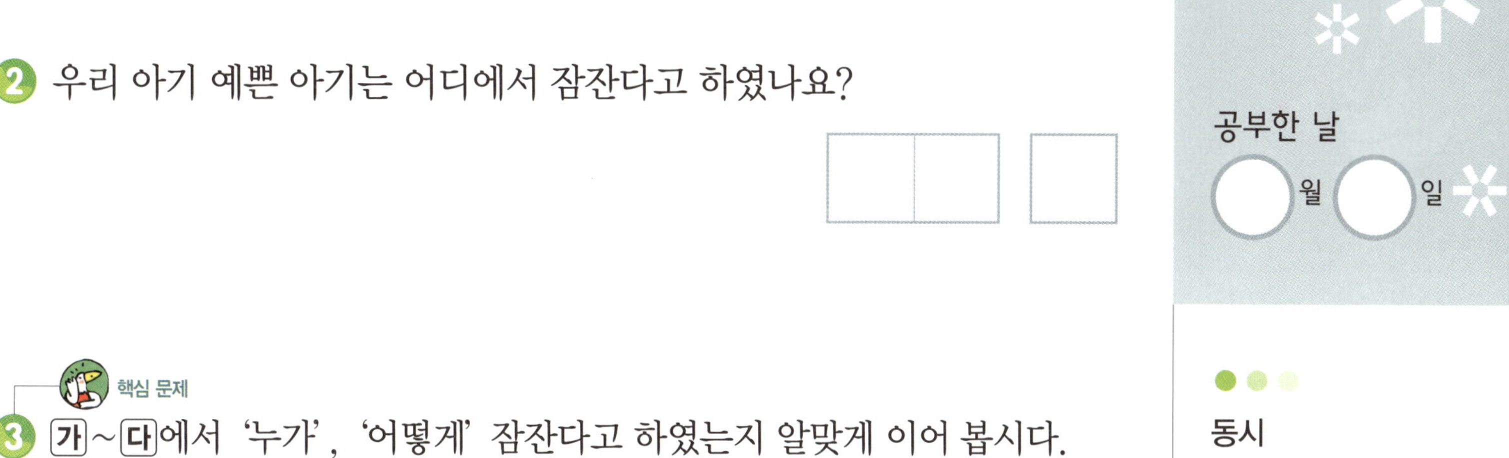

동시
– 누가 누가 잠자나

3 핵심 문제

가 ~ 다 에서 '누가', '어떻게' 잠잔다고 하였는지 알맞게 이어 봅시다.

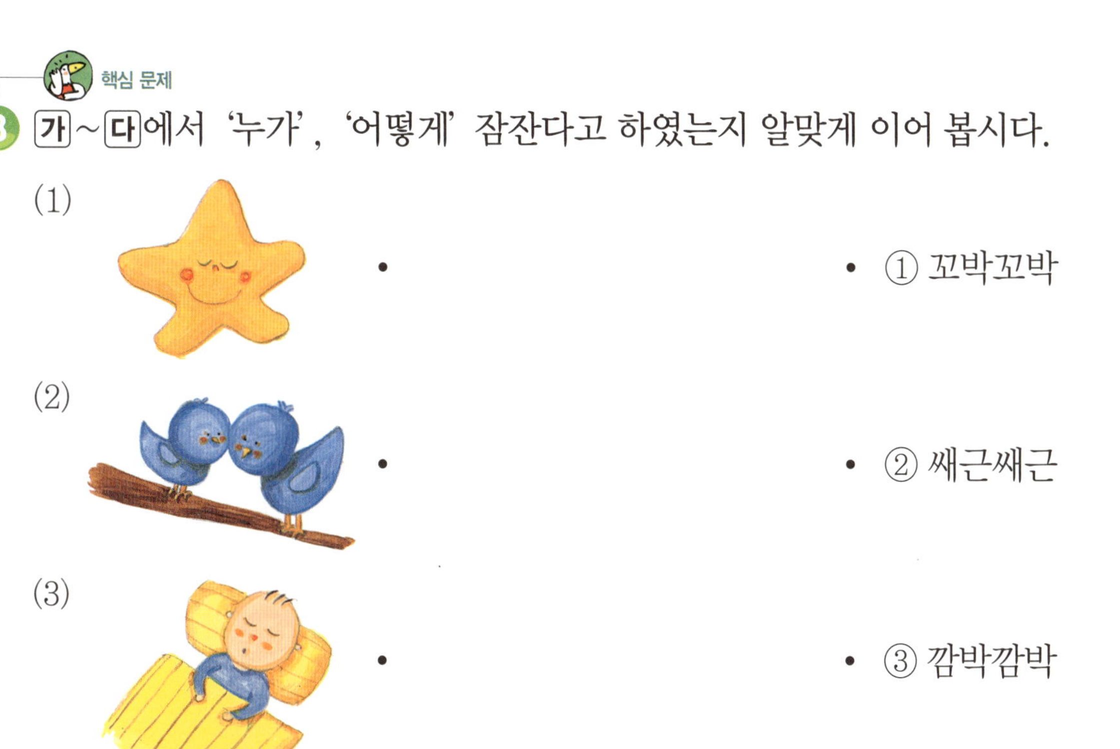

(1)

(2)

(3)

① 꼬박꼬박

② 쌔근쌔근

③ 깜박깜박

밤하늘에는 아기별이 깜박 깜박 잠자고, 숲속에는 산새 들새가 꼬박꼬박 잠자고, 엄마 품에는 예쁜 아기가 쌔근쌔근 잠잔다고 하였어요.

4 서술형 문제

보기 의 밑줄 친 말과 바꾸어 쓸 수 있는 흉내 내는 말을 두 가지 써 봅시다.

보기

우리 아기 예쁜 아기
쌔근쌔근 잠자지.

글을 읽고, 물음에 답하여 봅시다.

죽은 오리

생활문
– 죽은 오리

글쓴이
이영준

글감
오리의 죽음

중심 생각
죽은 오리에 대한 슬픈 마음

학교를 다녀와 보니 선민이랑 준구가 아우성을 치고 있었습니다.

"누나, 누나. 큰일 났어. ㉠오리가 죽었어."

"뭐? 오리가 죽었어?"

나는 가방을 의자에 던져 놓고는 베란다 문을 열었습니다.

잘 먹지도 않고 한곳에 자꾸 쭈그리고 앉기만 하던 바로 그 오리, 분홍색 주둥이를 한 그 오리가 자는 듯이 누워 있었습니다.

"언니, 오리는 잘 때 누워서 자? 언니, 누워서 자기도 하고 앉아서 자기도 하지. 그렇지?"

선민이는 자꾸 물었습니다.

㉡그런데 '꽥, 꽥' 하고 조그맣게 소리를 내던 오리가 아무 소리도 내지 않았습니다.

아우성:여럿이 힘을 모아 큰 소리로 부르짖는 소리.

쭈그리고:팔다리를 우그려 몸을 작게 움츠리고

주둥이:새의 부리를 이르는 말.

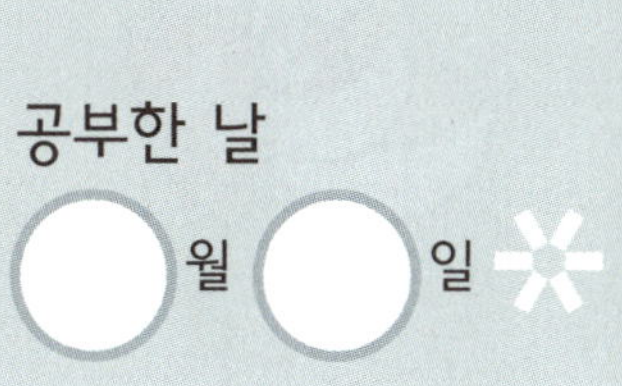

1 이 이야기는 어디에서 일어난 일인가요? (   )

2 ㉠에 대한 설명으로 알맞지 <u>않은</u> 것은 무엇인가요? (   )

① 잘 먹지 않았습니다.   ② 낮잠을 자주 잤습니다.

③ 쭈그리고 앉아 있었습니다.   ④ 주둥이가 분홍색이었습니다.

⑤ '꽥, 꽥' 하고 조그맣게 소리를 냈습니다.

조그맣게 소리를 내던 오리가 아무 소리를 내지 않았다는 것은 오리가 죽었다는 것을 말해요.

3 ㉡을 **보기** 와 같이 정리할 때, 빈칸에 알맞은 말은 무엇인가요? (   )

보기

오리의 ☐☐

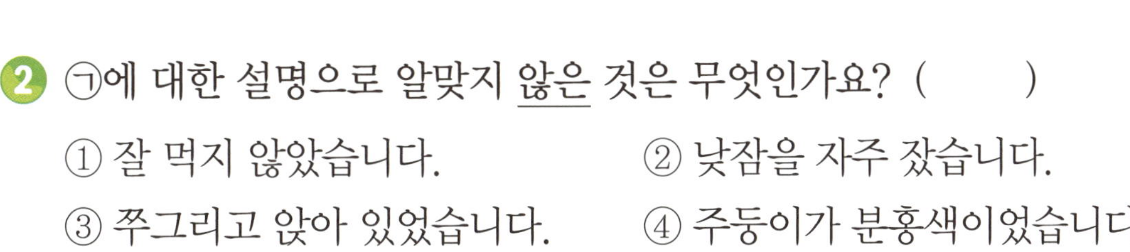

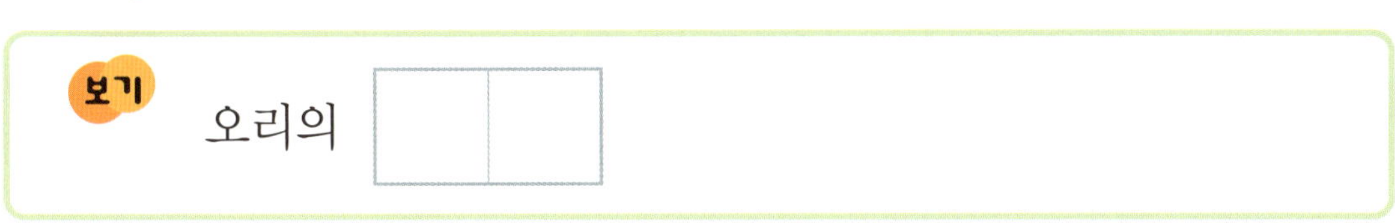

① 대답   ② 마음   ③ 죽음   ④ 졸음   ⑤ 울음

● ● ●

생활문
– 죽은 오리

낱말 풀이

양지 바른 : 햇빛이 잘 들어오는.

가엾은 : 불쌍한.

풀이 죽은 : 기운이 빠진 것처럼 힘없는.

웅크리고 : 몸을 잔뜩 움츠리고.

 글을 읽고, 물음에 답하여 봅시다.

오리가 죽은 것이었습니다. 나는 책상 앞에 앉아 곰곰이 생각하였습니다.

'왜 죽었을까? 굶어 죽었을까? 병이 나서 죽었을까? 똑같이 잘 보살펴 주었는데…….'

어느새 내 눈에는 눈물이 고여 있었습니다. 선민이도 나를 보면서 울고 있었습니다.

우리는 양지 바른 개나리꽃 그늘 밑에 죽은 오리를 묻어 주었습니다.

'오리야, 잘 가. 안녕! 가엾은 오리. 우리를 잊지 않을 거지? 우리도 언제나 널 생각할 테니까.'

우리 셋도 풀이 죽은 오리 떼처럼 슬퍼서 ㉠방 한구석에 웅크리고 말없이 앉아 있었습니다.

4️⃣ 글쓴이는 오리가 죽은 이유에 대해 어떻게 생각하였나요?

'굶어 죽었을까? ☐ 이 나서 죽었을까?'

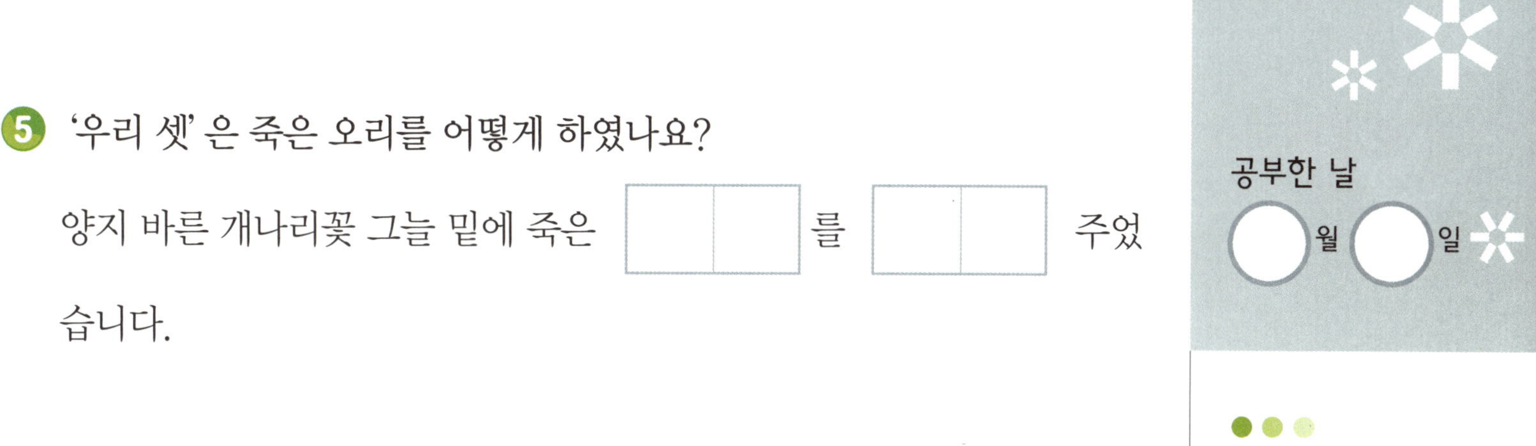

5 '우리 셋'은 죽은 오리를 어떻게 하였나요?

양지 바른 개나리꽃 그늘 밑에 죽은 ☐☐ 를 ☐☐ 주었습니다.

생활문
– 죽은 오리

6 ㉠과 같이 '우리 셋'이 오리 떼처럼 웅크리고 앉아 있었던 이유는 무엇인가요? (   )

① 졸려서　　　　　　② 슬퍼서
③ 추워서　　　　　　④ 즐거워서
⑤ 무서워서

7 이 글을 읽고, 글쓴이에 대해 짐작할 수 있는 내용은 어느 것인가요?
(   )

① 오리를 귀찮아할 것입니다.
② 새로운 동물을 키울 것입니다.
③ 죽은 오리를 잊지 않을 것입니다.
④ 오리는 누워서 잘 잔다고 생각할 것입니다.
⑤ 동생들이 오리를 죽였다고 생각할 것입니다.

● ● ●

일기글(동시 일기)
– 지현이의 일기

시의 짜임
3연 6행

글감
우산

중심 생각
비 오는 날 우산을 쓰고 있는데, 우산 속이 엄마 품속처럼 느껴진다. 빗방울들도 우산 속으로 들어오고 싶어서 세차게 내리는 것처럼 느껴진다.

품속: 두 팔을 벌려서 안을 때의 가슴 가운데.

야단: 매우 떠들썩하게 일을 벌이거나 부산하게 법석거림. 또는 그런 짓.

 일기를 읽고, 물음에 답하여 봅시다.

지현이의 일기

8월 27일 수요일 비

우산 속은
엄마 품속 같아요.

빗방울들도
들어오고 싶어서

두두두두
야단이지요.

① 이 일기의 종류는 무엇인가요? (　　　)

① 동시 일기　　② 관찰 일기　　③ 독서 일기

④ 생활 일기　　⑤ 편지 일기

2 지현이는 우산 속이 어떻다고 했나요?

엄마 　　　　 같아요.

3 누가 우산 속에 들어오고 싶어 했나요?

4 '두두두두' 는 무슨 소리인가요? (　　　)

① 빗방울 소리　　　　② 북 치는 소리

③ 총 쏘는 소리　　　　④ 종 치는 소리

⑤ 오토바이 소리

 서술형 문제

5 '야단' 이라는 낱말을 넣어 짧은 글을 지어 보세요.

____

____

6 그림을 보고 날씨를 재미있게 표현해 보세요.

(1)

____

(2)

____

공부한 날

◯ 월　◯ 일

● ● ●

일기글(동시 일기)
– 지현이의 일기

우산을 쓰면 우산 속이 엄마의 품속처럼 아늑하게 느껴져요. 빗방울들도 엄마 품속 같은 우산 속으로 들어오고 싶어서 두두두두 떨어지는 것처럼 표현한 동시 일기예요.

 글을 읽고, 물음에 답하여 봅시다.

틀려도 정직하게

'내일 받아쓰기 시험 봄.'

알림장을 본 승필이는 열심히 공부하여 꼭 100점을 받겠다고 마음먹었습니다. 그때, 인성이가 찾아왔습니다.

"승필아, 자전거 타자!"

"자전거? 나 지금 받아쓰기 시험 공부 하려고 했는데……."

"야, 오늘 우리 반도 시험 봤는데, 거의 다 100점 받았어. 따로 공부하지 않아도 다 100점 받아."

시험이 걱정되었지만, 따로 공부하지 않아도 된다는 인성이의 말에 귀가 솔깃하였습니다. 승필이는 저녁에 공부해야겠다고 생각하고 신나게 자전거를 탔습니다.

집에 돌아온 후 저녁밥을 먹은 승필이는 공부를 하려고 책상에 앉았습니다. 그런데 졸음이 쏟아져 꾸벅꾸벅 졸기 시작했습니다.

1 승필이가 내일 보는 시험은 무엇인가요?

| | | | | 시험

2 승필이는 인성이의 어떤 말에 귀가 솔깃하였나요? (   )

① "함께 공부하자."

② "꼭 100점을 받아라."

③ "시험 문제를 보여 줄게."

④ "자전거를 타면 건강해질 수 있어."

⑤ "따로 공부하지 않아도 다 100점 받아."

3 승필이는 저녁밥을 먹기 전까지 무엇을 하였나요?

| | | | | 탔습니다.

핵심 문제

4 이 글에 나오는 승필이의 모습과 가장 잘 어울리는 흉내 내는 말은 무엇인가요? (   )

① 절레절레　　　② 훌쩍훌쩍　　　③ 오들오들

④ 꾸벅꾸벅　　　⑤ 아장아장

읽기

 글을 읽고, 물음에 답하여 봅시다.

눈을 떠 보니 아침이었습니다. 당황한 승필이는 아침밥도 먹는 둥 마는 둥 하고 학교에 갔습니다.

드디어 받아쓰기 시험을 보는 시간이 되었습니다.

"1번 괜찮아, 2번 이튿날 아침, ……."

수업 시간에 배운 것을 생각하면서 답을 쓴다고 썼지만, 받침을 어떻게 써야 하는지 헷갈리기 시작하였습니다.

시험 결과 50점. 창피한 마음에 얼른 시험지를 서랍 속에 넣었습니다.

"부모님께 받아쓰기 시험지를 보여 드리고 확인 도장을 받아 오세요. 그리고 내일 다시 한번 시험을 볼 거예요."

'엄마가 실망하실 텐데……. 이 시험지를 보여 드릴 순 없어. 그래, 오늘 열심히 공부해서 내일은 100점 받아야지.'

승필이는 밖에서 노는 친구들의 소리에도 꾹 참고 열심히 공부를 하였습니다.

낱말 풀이

먹는 둥 마는 둥: 먹는 듯도 하고 안 먹는 듯도 함을 나타내는 말.

받침: 한글에서 끝소리로 되는 자음.

헷갈리기: 여러 가지가 뒤섞여 갈피를 못 잡기.

5 받아쓰기 시험을 보면서 승필이가 헷갈린 것은 무엇인가요?

6 이 글의 내용과 같은 것은 어느 것인가요? (　　　)

① 승필이는 늦잠을 잤습니다.

② 승필이는 100점을 받았습니다.

③ 승필이는 시험 날 아침밥을 많이 먹었습니다.

④ 승필이는 어머니께 시험 결과를 말씀드렸습니다.

⑤ 선생님께서 내일 시험을 다시 본다고 하셨습니다.

7 시험 점수를 안 승필이의 마음은 어떠하였나요? (　　　)

① 지루했습니다.　　　　　　② 당당했습니다.

③ 즐거웠습니다.　　　　　　④ 창피했습니다.

⑤ 편안했습니다.

 서술형 문제

8 시험을 마치고 난 후 승필이는 어떤 다짐을 하였는지 써 봅시다.

열심히 공부해서 _______________________________

● ● ●

창작 동화

– 틀려도 정직하게

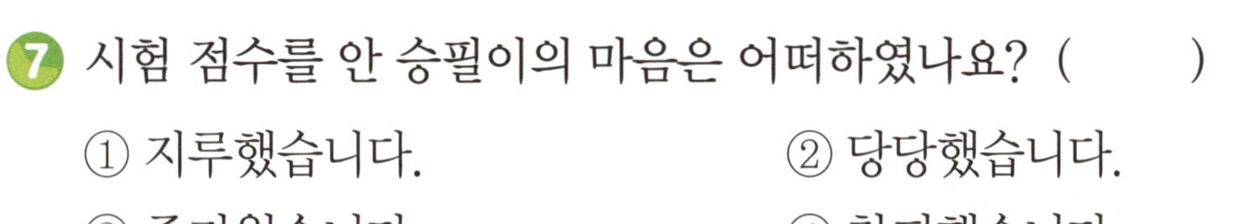

읽기

 글을 읽고, 물음에 답하여 봅시다.

열심히 공부한 보람이 있었습니다. 시험 결과 100점이었습니다. 그런데 채점된 시험지를 살펴보니, 5번 답이 '이튿날 아침'인데 '이튼날 아침'이라고 쓰여 있었습니다. 공부해서 분명히 알고 있었는데 실수를 한 것이었습니다. 그리고 선생님께서도 잘못 보시고 정답으로 채점을 하신 것 같았습니다.

승필이의 가슴이 쿵쾅쿵쾅 뛰기 시작했습니다.

'그냥 모른 척 넘어갈까? 몰랐던 게 아니니까 100점이라고 할 수도 있잖아. 아니야, 엄마가 남을 속이는 일이 가장 나쁜 일이라고 하셨어.'

"선생님, 5번 답을 잘못 썼는데, 정답으로 채점해 주셨어요."

"정말 그렇구나. 선생님이 실수했구나. 미안! 그러면 승필이는 90점이구나. 하지만 정직성은 100점이야!"

승필이는 저절로 어깨가 으쓱해졌습니다.

보람: 한 일에 대하여 나타나는 좋은 결과.

채점: 점수를 매김.

실수: 부주의로 저지른 잘못.

정직: 거짓이 없이 마음이 바르고 곧음.

⑨ 이 글 전체에 나타난 승필이의 마음이 어떻게 변하였는지 알맞게 이어 봅시다.

(1) 친구와 자전거를 타고 놀 때 •

(2) 시험에서 50점을 받았을 때 •

(3) 채점이 잘못된 것을 알았을 때 •

• ① 신이 남.

• ② 갈등함.

• ③ 창피함.

⑩ 선생님께서 채점을 잘못하신 사실을 알게 된 승필이는 어떻게 하였나요? (   )

① 못 본 척했습니다.

② 시험을 다시 보았습니다.

③ 틀린 답을 고쳐 썼습니다.

④ 선생님께 사실대로 말씀드렸습니다.

⑤ 어머니께 사실대로 말씀드렸습니다.

핵심 문제

⑪ 보기 의 밑줄 친 말과 바꾸어 쓸 수 있는 흉내 내는 말을 써 봅시다.

> 보기 승필이의 가슴이 <u>쿵쾅쿵쾅</u> 뛰기 시작했습니다.

창작 동화
– 틀려도 정직하게

그리스 신화

숲의 요정 ②

글·그림 임난영

어느 날 에코는 나르키소스라는 잘생긴 청년을 보게 되었습니다.

어쩜 저리도 멋질까? 다가가서 얘기할 수만 있다면 너무나 행복할 텐데……

나르키소스는 매우 잘생겨서 숲의 모든 요정들이 좋아했는데 에코 또한 첫눈에 반해 버렸습니다.

며칠이 지난 어느 날 나르키소스는 친구들과 사냥을 하다가 혼자만 뒤떨어져 길을 헤매게 되었습니다.

기본문 2

기본이 되는 문장(기본문)에는 '무엇이 어찌하다', '무엇이 어떠하다', '무엇이 무엇이다', '무엇이 무엇을 어찌하다' 의 형태가 있습니다.

예 하늘이 + 파랗다 → 하늘이 파랗다.
　　무엇이　　어떠하다　　　무엇이 어떠하다

예 는 '무엇이 어떠하다' 로 이루어진 문장입니다. 예 에서 '하늘이' 는 '무엇이' 에, '파랗다' 는 '어떠하다' 에 해당하는 말입니다. 이때, '파랗다' 와 같이 '어떠하다' 에 해당하는 말은 상태나 성질을 나타냅니다.

1 그림을 보고, 알맞은 문장을 찾아 이어 봅시다.

(1)

· ① 달이 밝다.

(2)

· ② 꽃이 아름답다.

❷ 그림을 보고, 보기 와 같이 '무엇이' 에 해당하는 말에 ○표를 하여 봅시다.

(늑대가, 늑대를) 무섭다.
무엇이

(1) 

(숲이, 숲을) 푸르다.
무엇이

(2) 

(황소를, 황소가) 사납다.
무엇이

(3) 

(얼음이, 얼음과) 차갑다.
무엇이

(4) 

(개미에게, 개미가) 부지런하다.
무엇이

(5) 

(사과가, 사과를) 달다.
무엇이

● ● ●

기본문 2

그림과 뒤에 오는 말을 통해 그림 속의 대상이 무엇인지 살펴보세요.

기본문 2

❸ 그림을 보고, 보기 와 같이 '어떠하다' 에 해당하는 말에 ○표를 하여 봅시다.

보기

나비가 (노랗다 , 노랗게).
어떠하다

(1)

들판이 (넓게 , 넓다).
어떠하다

(2)

꽃이 (예쁘다 , 예쁘게).
어떠하다

(3)

물이 (맑게 , 맑다).
어떠하다

(4)

만화책이 (재미있는 , 재미있다).
어떠하다

(5)

바람이 (시원하다 , 시원한).
어떠하다

4 그림을 보고, **보기** 와 같이 '무엇이' 에 해당하는 말을 찾아 써 봅시다.

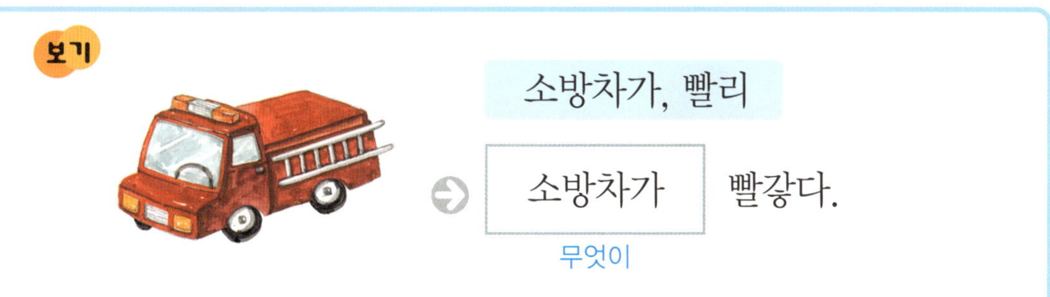

보기

소방차가, 빨리

→ 소방차가 빨갛다.
　무엇이

(1)

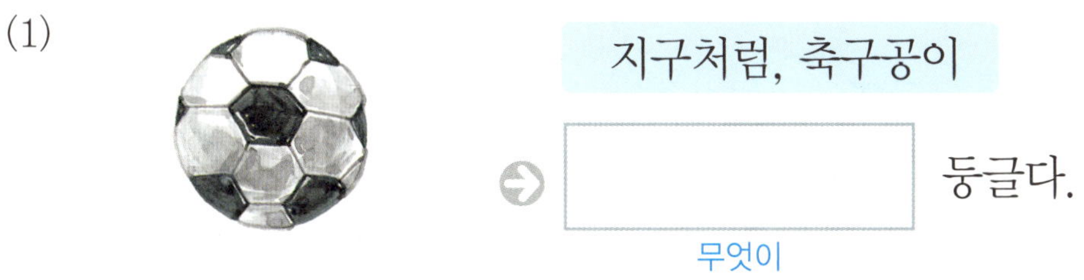

지구처럼, 축구공이

→ ☐ 둥글다.
　무엇이

(2)

꽃이, 정말

→ ☐ 아름답다.
　무엇이

(3)

달콤해서, 수박이

→ ☐ 맛있다.
　무엇이

(4)

사자가, 겁나고

→ ☐ 무섭다.
　무엇이

기본문 2

5 그림을 보고, 보기 와 같이 '어떠하다'에 해당하는 말을 찾아 써 봅시다.

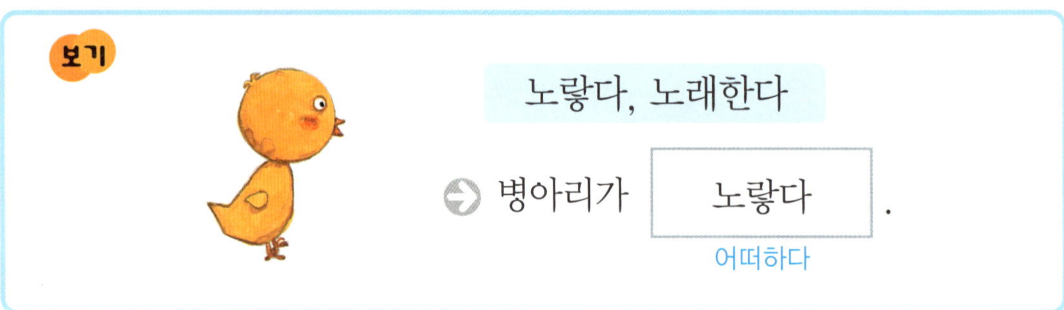

(1)

(2)

'노래한다'는 움직임을 나타내는 '어찌하다'에 해당하는 말이고, '노랗다'는 상태나 성질을 나타내는 '어떠하다'에 해당하는 말이에요.

(3)

(4)

6 그림을 보고, 보기 와 같이 '무엇이 어떠하다' 의 문장을 완성하여 써 봅시다.

기본문 2

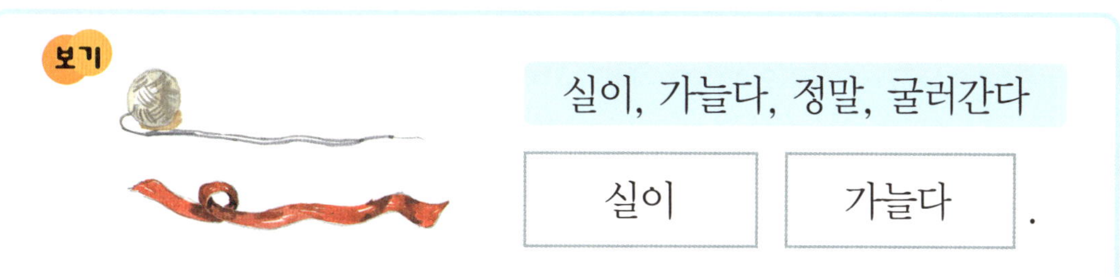

보기

실이, 가늘다, 정말, 굴러간다

| 실이 | 가늘다 | .

(1)

구름이, 하얗다, 하늘을, 떠간다

| | | .

(2)

바람이, 분다, 날쌔게, 세다

| | | .

움직임이 아닌 상태나 성질을 나타내는 '어떠하다' 에 해당하는 말을 찾아보세요.

(3)

노란, 참외가, 먹는다, 맛있다

| | | .

(4)

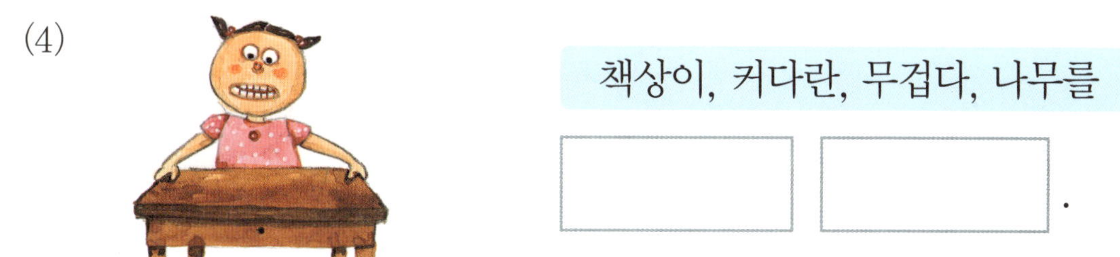

책상이, 커다란, 무겁다, 나무를

| | | .

● ● ●

연상 2

연상을 통해 떠올린 내용에 대해 또다른 생각이 계속 이어질 수 있습니다. 떠올린 생각들이 마치 그물처럼 이어집니다. 이것을 '생각 그물'이라고 합니다.

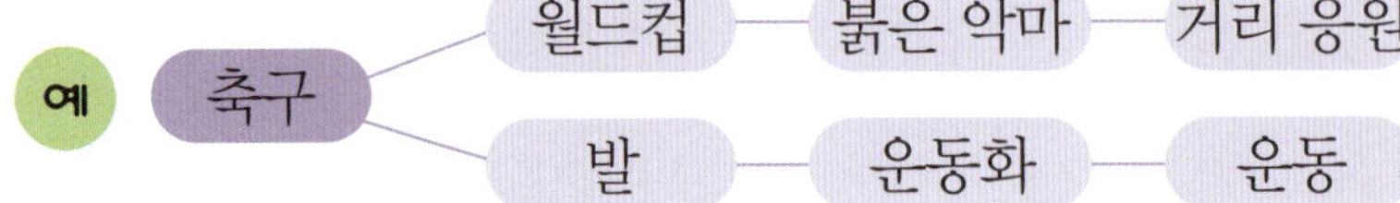

'축구'라는 대상에서 '월드컵'이란 말을 떠올릴 수 있습니다. 또 '월드컵'을 떠올리면 '붉은 악마'라는 말을 떠올릴 수 있고, '붉은 악마'를 통해 '거리 응원'이란 말을 떠올릴 수 있습니다. 이렇게 주어진 대상에 대해 떠오르는 말에서 또다른 말을 계속 떠올릴 수 있습니다.

하나의 대상을 떠올리고 그와 관련 있는 대상을 계속 떠올리면 마치 그물 모양이 되지요. 그래서 '생각 그물'이라고 해요.

❶ 보기 와 같이 주어진 그림을 보고 떠오르는 말을 써 봅시다.

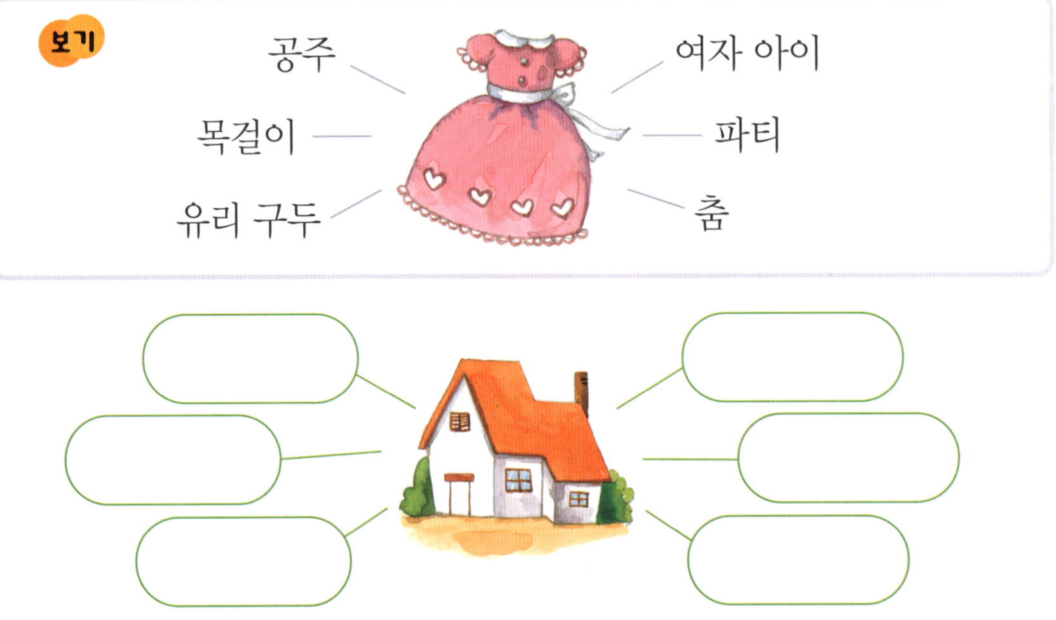

2 **보기** 와 같이 주어진 그림을 보고 떠올린 한 가지 대상에 대해 떠오르는 말을 써 봅시다.

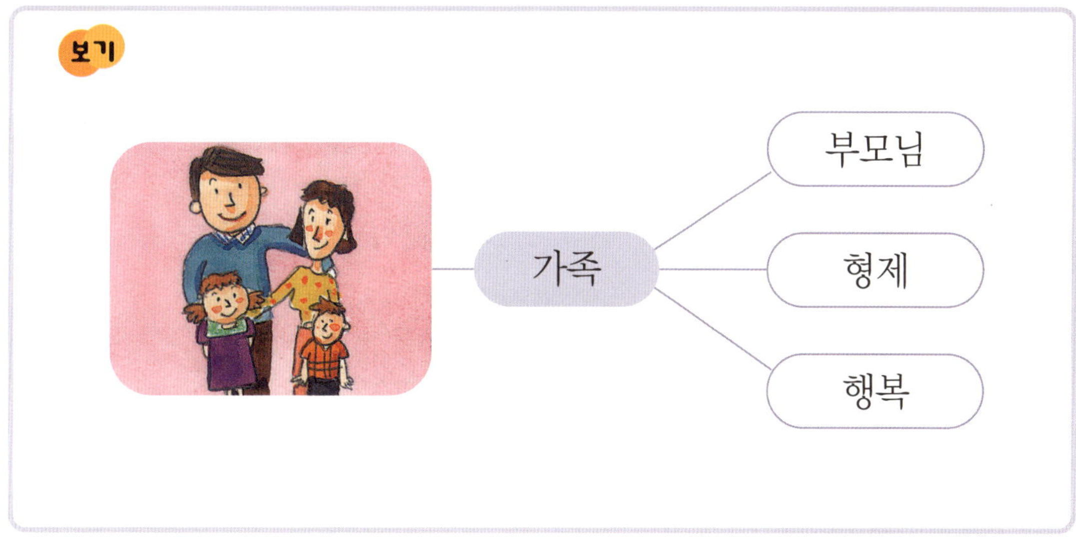

연상 2

(1)

(2)

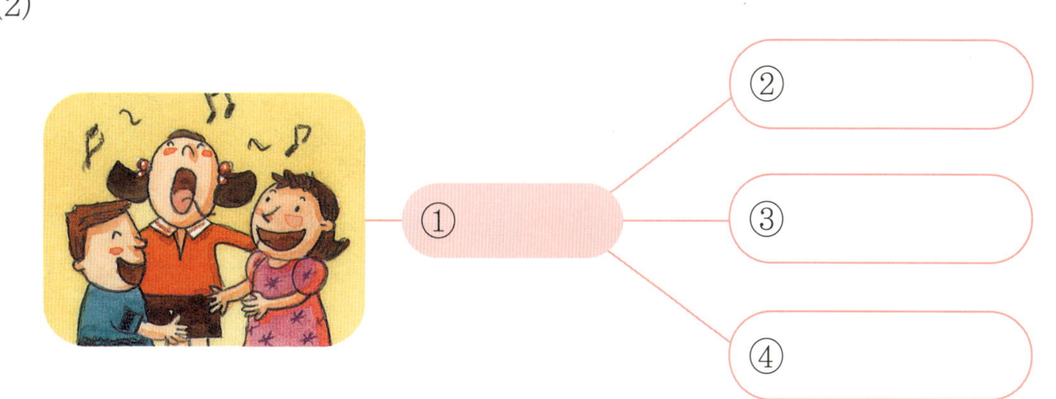

3 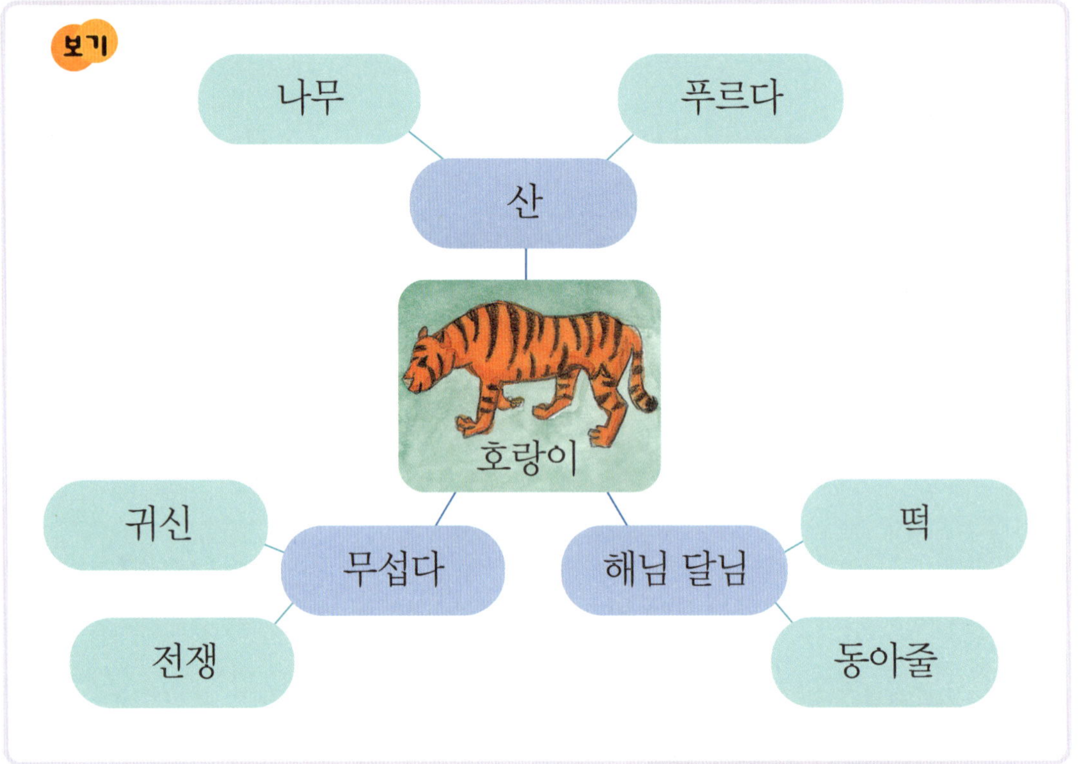 **보기**와 같이 주어진 대상에 대해 떠오르는 말을 넣어 생각 그물을 만들어 봅시다.

(1)

(2)

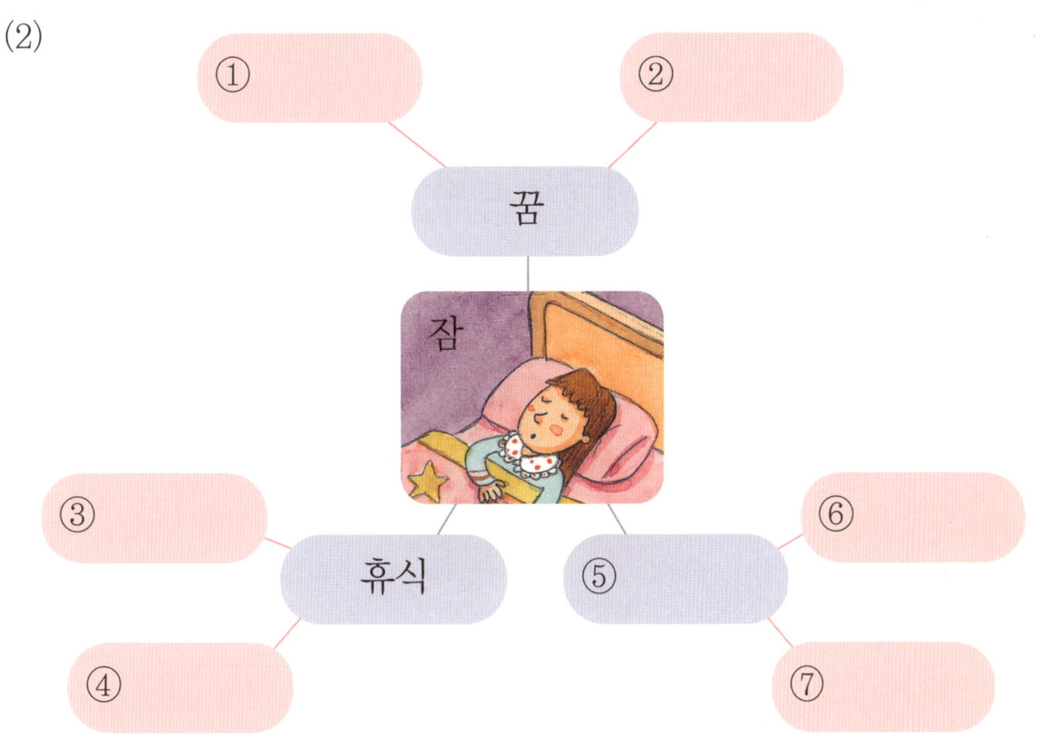

①
②
꿈
잠
③
휴식
④
⑤
⑥
⑦

생각 그물은 뻗어 나갈 수 있는 세부 가지의 숫자가 정해져 있는 것이 아니므로, 마음속에 떠오르는 대로 자유롭게 뻗어 나갈 수 있어요.

①
②
체육
운동장
④
③
⑤
⑥
⑦
⑧

(3)

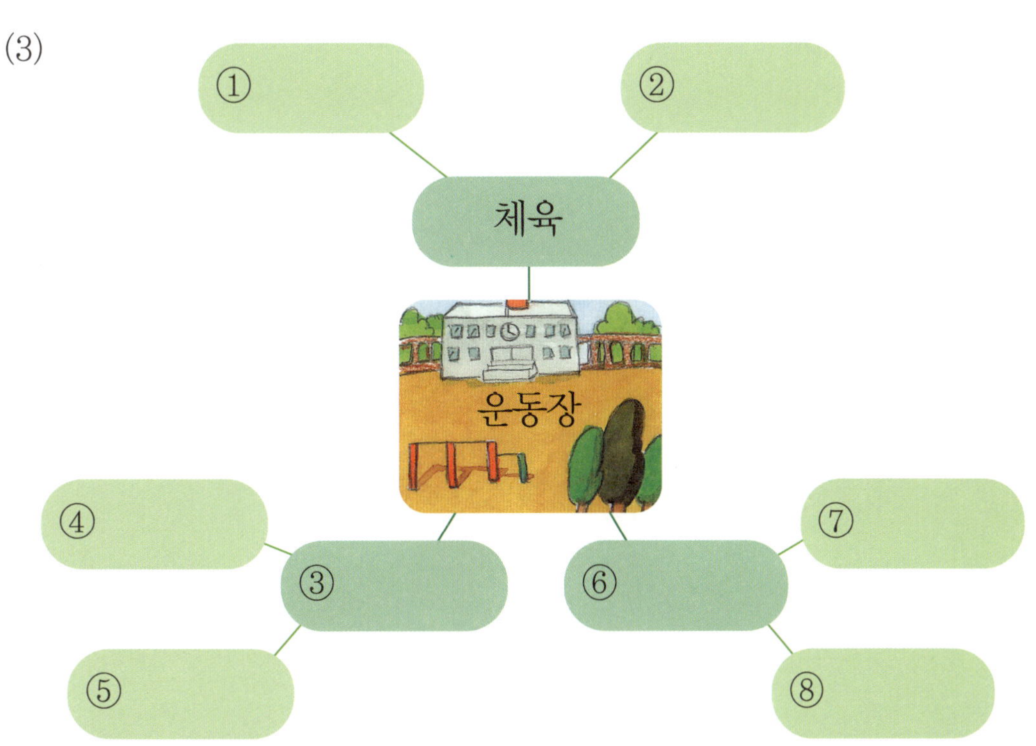

● ● ●

연상 2

책을 읽고 난 뒤 책의 내용을 생각 그물로 나타내 보세요. 책의 내용을 쉽게 이해할 수 있을 뿐만 아니라 독서 감상문을 쓰는 데에도 많은 도움이 되어요.

4 **보기** 와 같이 책을 읽고 떠오르는 말을 생각 그물로 나타내어 봅시다.

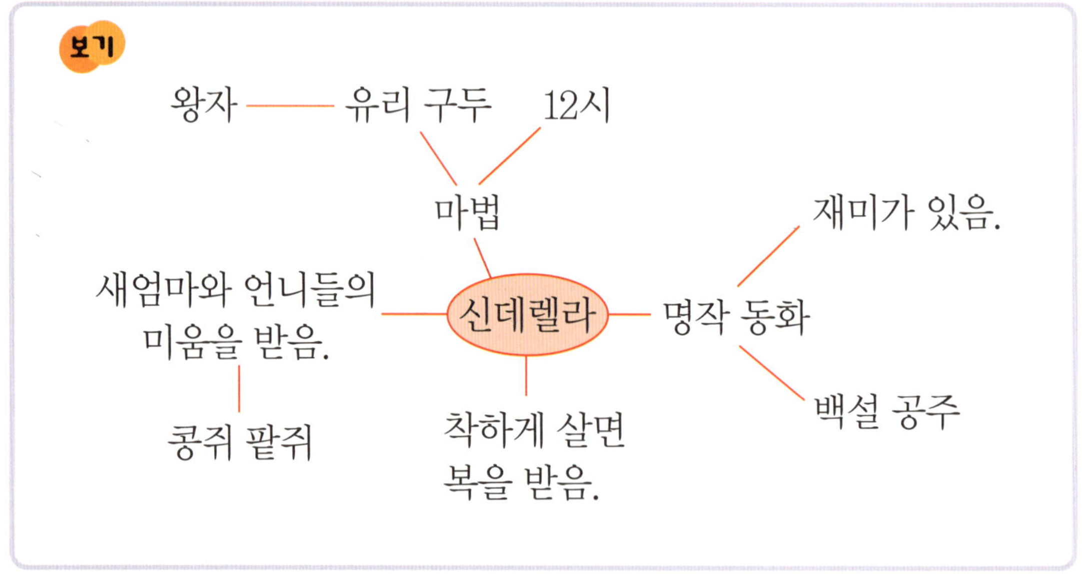

(1)

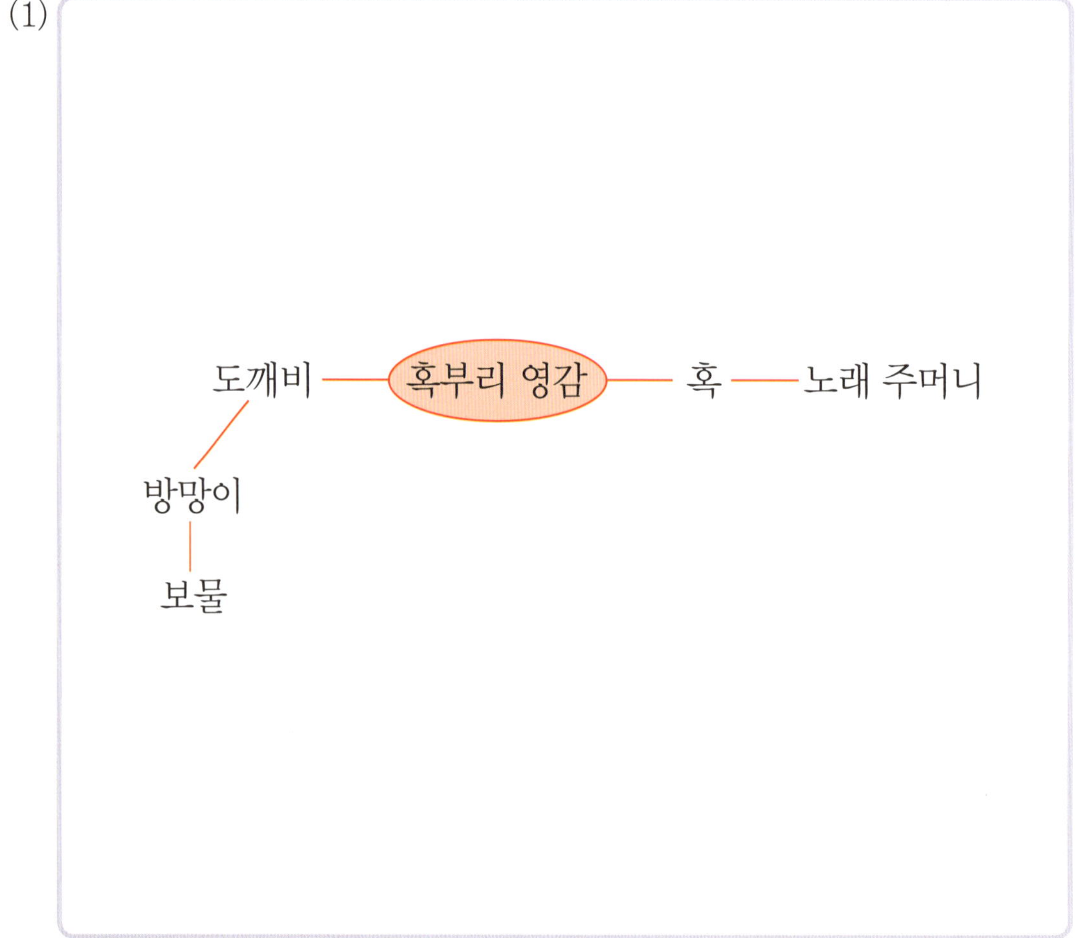

(2)

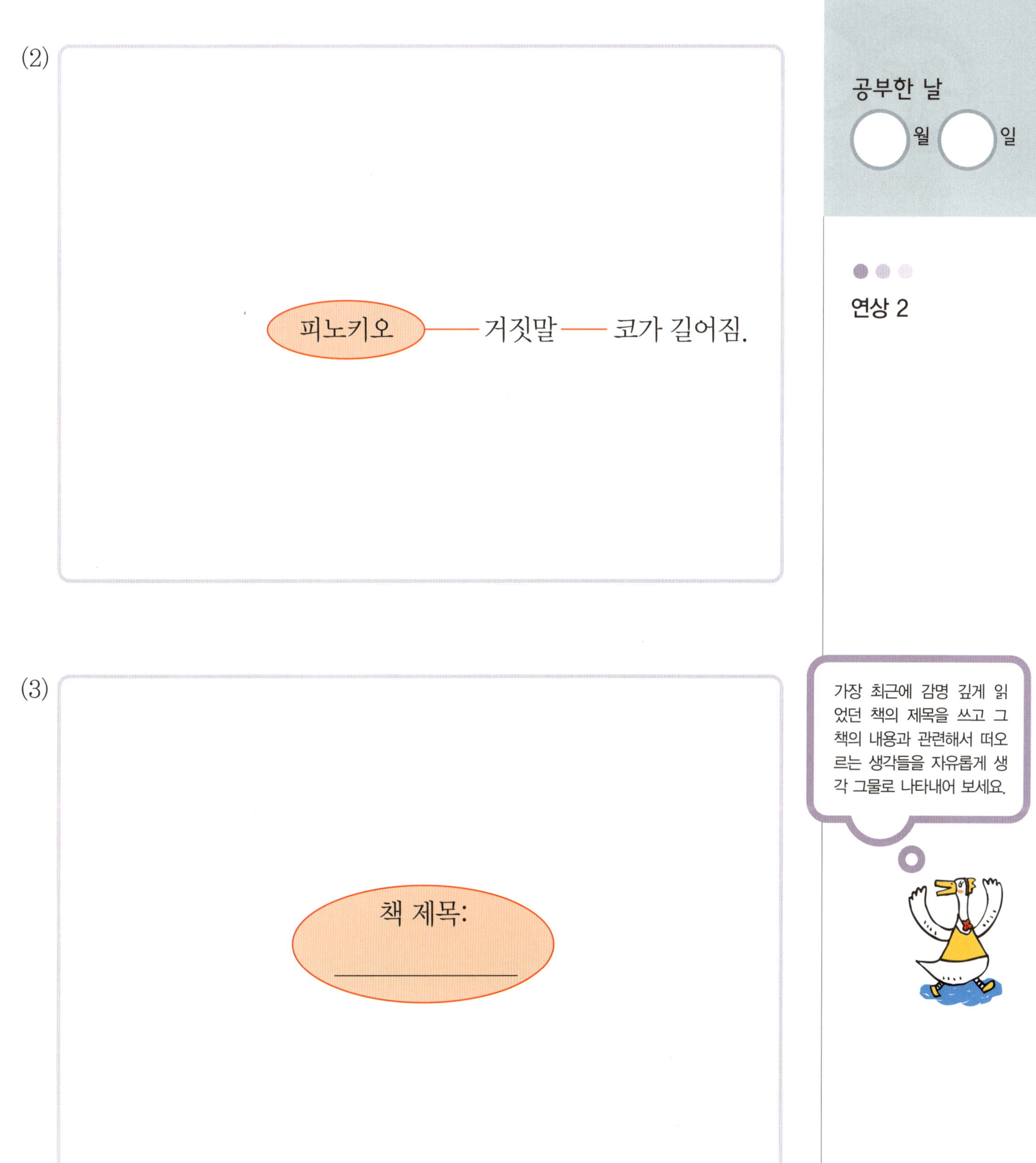

● ● ●

연상 2

(3)

가장 최근에 감명 깊게 읽었던 책의 제목을 쓰고 그 책의 내용과 관련해서 떠오르는 생각들을 자유롭게 생각 그물로 나타내어 보세요.

열두 고개

각 고개에 있는 물음과 답이 무엇을 말하는 것인지 생각해 보세요. 정답이 생각나지 않으면 다음 고개로 넘어가고, 정답이 생각나면 그 고개에서 바로 답을 써 보세요.

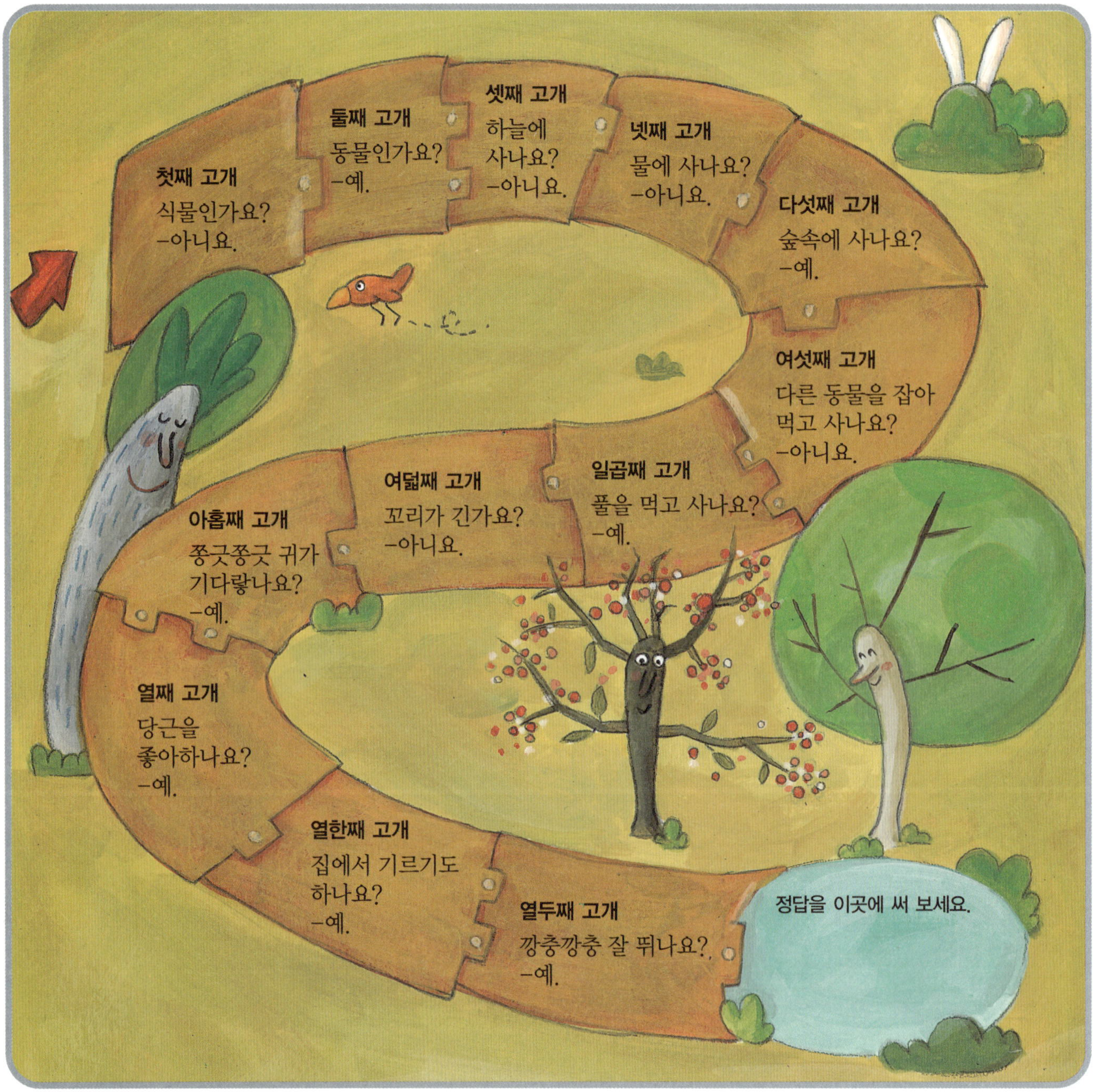

첫째~다섯째 고개에서 정답을 맞혔다면 ➡ 대단한 센스를 가진 친구예요.

여섯째~일곱째 고개에서 정답을 맞혔다면 ➡ 풍부한 상상력을 가진 친구예요.

여덟째 고개에서 정답을 맞혔다면 ➡ 상식이 풍부한 친구예요.

아홉째~열두째 고개에서 정답을 맞혔다면 ➡ 보통 정도의 상상력과 상식을 가진 친구예요.

정답을 못 맞혔다면 ➡ 다음 기회가 있으니 너무 실망하지 마세요! 그리고 새기탄국어를 좀 더 열심히 공부하세요!

성취도 테스트

이름	날짜	점수
	월 일	

2호 표지의 QR을 이용해 음성 녹음을 듣고 문제를 풀어 보세요.

이야기를 듣고, 물음에 답하여 봅시다. (01)

01 설거지할 때 나는 소리를 흉내 내는 말은 무엇인가요? (   )

① 멍멍멍
② 사뿐사뿐
③ 야옹야옹
④ 삐뽀삐뽀
⑤ 달그락달그락

글을 읽고, 물음에 답하여 봅시다. (02~04)

⑦ "자전거? 나 지금 받아쓰기 시험 공부하려고 했는데……."

"야, 오늘 우리도 시험 봤는데, 거의 다 100점 받았어. 따로 공부하지 않아도 다 100점 받아."

시험이 걱정되었지만, 따로 공부하지 않아도 된다는 인성이의 말에 귀가 솔깃하였습니다. 승필이는 저녁에 공부해야겠다고 생각하면서 신나게 자전거를 탔습니다.

집에 돌아온 후 저녁밥을 먹은 승필이는 공부를 하려고 책상에 앉았습니다. 그런데 졸음이 쏟아져 꾸벅꾸벅 졸기 시작했습니다.

⑭ 승필이의 가슴이 쿵쾅쿵쾅 뛰기 시작했습니다.

'그냥 모른 척 넘어갈까? 몰랐던 게 아니니까 100점이라고 할 수도 있잖아. 아니야, 엄마가 남을 속이는 일이 가장 나쁜 일이라고 하셨어.'

"선생님, 5번 답을 잘못 썼는데, 정답으로 채점해 주셨어요."

"정말 그렇구나. 선생님이 실수했구나. 미안! 그러면 승필이는 90점이구나. 하지만 정직성은 100점이야!"

승필이는 저절로 어깨가 으쓱해졌습니다.

02 ⑦에서 승필이가 한 일을 정리한 것입니다. ☐ 안에 알맞은 말을 차례대로 써 봅시다.

인성이와 함께 ☐☐☐ 를 탔음.

➡ 저녁밥을 먹었음.

➡ ☐☐☐☐ 시험 공부를 하려고 책상에 앉았다가 졸았음.

03 선생님께서 승필이의 정직성을 100점이라고 말한 까닭은 무엇인가요? (   )

① 열심히 공부해서
② 친구와 사이좋게 지내서
③ 평소 실력으로 시험을 봐서
④ 잘못 채점된 것을 사실대로 말해서
⑤ 받아쓰기 시험에서 100점을 받아서

04 틀린 답이 정답으로 채점된 것을 알게 된 승필이의 마음을 실감 나게 표현한 흉내 내는 말은 무엇인가요? (   )

① 솔깃
② 신나게
③ 꾸벅꾸벅
④ 쿵쾅쿵쾅
⑤ 으쓱으쓱

※ 시를 읽고, 물음에 답하여 봅시다. (05~06)

넓고 넓은 밤하늘엔
누가 누가 잠자나?
하늘 나라 아기별이
깜박깜박 잠자지.

깊고 깊은 숲속에선
누가 누가 잠자나?
산새 들새 모여 앉아
꼬박꼬박 잠자지.

포근포근 엄마 품엔
누가 누가 잠자나?
우리 아기 예쁜 아기
쌔근쌔근 잠자지.

05 이 시를 읽으면 어떤 느낌이 드나요? (　　　)

① 슬픈 느낌
② 무서운 느낌
③ 지루한 느낌
④ 평화로운 느낌
⑤ 소란스러운 느낌

06 깊고 깊은 숲속에서는 또 무엇이 잠자는지 이 시처럼 표현해 봅시다.

깊고 깊은 숲속에선
누가 누가 잠자나?

____

____

07 보기 에서 '무엇이' 에 해당하는 말을 골라 □ 안에 써 봅시다.

보기　　숲을　　숲에서　　숲이　　숲과

　　　　　　　　　　□　　　　　푸르다.

08 그림을 보고, '어떠하다' 에 해당하는 말에 ○표를 하여 봅시다.

(1) 기차가 (길다, 달린다).

(2) 인형이 (웃는다, 귀엽다).

09 주어진 대상에 대해 떠오르는 낱말을 각각 써 봅시다.

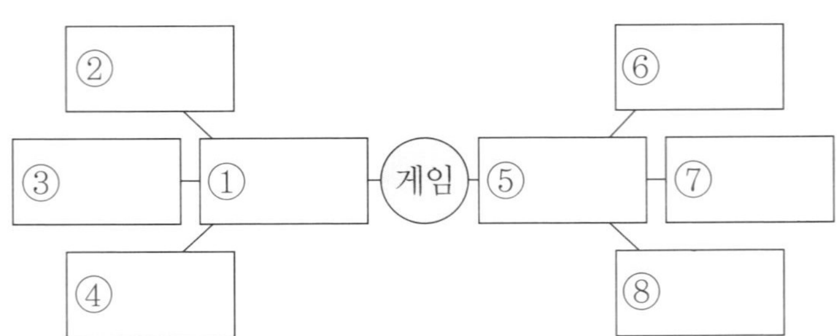

10 책을 읽고 떠오르는 낱말을 생각 그물로 자유롭게 나타내 봅시다.

E1집 커리큘럼에 따라 학습이 이루어지며, 각 호 교재의 학습이 끝나면 성취도 테스트를 실시합니다. 성취도 테스트는 각 호별 학습을 마치고 학습 능력을 확인 점검하는 평가입니다.

어머니께서는 아이가 즐거운 마음으로 자신 있게 테스트할 수 있도록 유도해 주시고, 우수한 테스트 결과가 나오면 칭찬하여 주십시오. 영역별 학습 결과에 따라 부족한 부분은 다시 한번 복습하여 주십시오.

학습자의 성취도를 높이고, 다음 학습의 동기를 부여하는 데 테스트의 목적이 있습니다.

기탄국어 E1집 커리큘럼

영역	1호	2호	3호	4호
듣기 · 말하기	발음에 주의하여 듣고 말하기(ㅏ, ㅣ, ㅗ, ㅜ)	흉내 내는 말 듣고 느낌 말하기 1	흉내 내는 말 듣고 느낌 말하기 2	흉내 내는 말 듣고 느낌 말하기 3
읽기	동시, 일기, 창작 동화	동시, 생활문, 일기, 창작 동화	생활문, 전래 동화	동시, 편지, 생활문
연재만화	그리스 신화 – 숲의 요정1	그리스 신화 – 숲의 요정 2	그리스 신화 – 숲의 요정 3	그리스 신화 – 숲의 요정 4
문법	기본문 1	기본문 2	기본문 3	기본문 4
쓰기	연상 1	연상 2	연상 3	소개하는 글 쓰기 1
쉬어가기	길 찾기	열두 고개	브레인 퀴즈	숨은그림찾기

기탄국어 E1집 2호 성취도 테스트 관리표

문항 수 (10)	영역	학습 평가 기준(정답 수 기준)					
		정답 수	가 군	정답 수	나 군	정답 수	다 군
1	듣기 · 말하기	1	· 학습 성취도가 매우 높습니다.	0	· 현재 잘하고 있으니 더욱 잘할 수 있도록 격려하여 주십시오.	0	· 학습 성취도가 낮은 편입니다.
5	읽기	4~5	· 뛰어난 실력이므로 칭찬을 많이 하여 주십시오.	2~3		0~1	· 자신감을 잃지 않도록 격려하여 주십시오.
2	문법	2		1	· 틀린 부분을 확인한 후 다음 교재를 시작하십시오.	0	· 현재 교재를 복습하여 주십시오.
2	쓰기	2	· 다음 교재를 바로 시작하십시오.	1		0	

펴낸이 : 정지향
펴낸곳 : (주)기탄교육
기획·편집·디자인 : 기탄교육연구소
주소 : 06698 서울특별시 서초구 효령로 40 기탄출판센터
등록 : 제2000-000098호
전화 : (02) 586-1007
팩스 : (02) 586-2337

※서점에 갈 시간이 없거나 구하기 어려운 분은 인터넷 또는 전화로 신청하세요. 즉시 우송해 드립니다.
www.gitan.co.kr

3호

기탄국어 E단계 1집 35a~51a

E1집
1a-68a

새기탄® 국어

E1집 3호
35a - 51a

*E1집 3호 35a~51a 학습 내용

교재 번호	영역	학습 내용	듣기 음성 녹음
35a~35b	무엇을 배울까요?	E1집 3호 학습 내용 소개	
36a~36b	듣기 · 말하기	흉내 내는 말 듣고 느낌 말하기 2	
37a~43b	읽기	생활문, 전래 동화	
44a~44b	연재만화	그리스 신화 – 숲의 요정 3	
45a~47b	문법	기본문 3	
48a~50b	쓰기	연상 3	
51a	쉬어가기	브레인 퀴즈	

*학습 진단 관리표

	듣기 · 말하기	읽기	문법	쓰기	이번 주는?
학습 평가	아주 잘했어요.	아주 잘했어요.	아주 잘했어요.	아주 잘했어요.	**학습 방법** ① 매일매일 ② 가끔 ③ 한꺼번에 – 하였습니다.
	잘했어요.	잘했어요.	잘했어요.	잘했어요.	**학습 태도** ① 스스로 ② 억지로 – 하였습니다.
	보통이에요.	보통이에요.	보통이에요.	보통이에요.	**교재 내용** ① 재미있다고 ② 쉽다고 ③ 어렵다고 – 하였습니다.
	노력하세요.	노력하세요.	노력하세요.	노력하세요.	

지도 교사가 부모님께	부모님이 지도 교사께

종합 평가	ⓐ 아주 잘했어요 ⓑ 잘했어요 ⓒ 보통이에요 ⓓ 노력하세요

원(교)　　　　반　　이름　　　　　　　전화

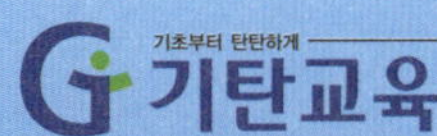

무엇을 배울까요?

듣기 · 말하기 영역에서는 QR을 이용하여 음성 녹음을 듣고, 흉내 내는 말에 대해 알아봅니다. **읽기 영역**에서는 친숙한 글감으로 쓰인 생활문과, 재미있는 전래 동화를 읽으면서 이야기 속에 나오는 인물의 성격을 파악해 봅니다. **문법 영역**에서는 기본이 되는 문장 형식 중에서 '무엇은 무엇이다' 로 이루어진 문장을 알고 써 봅니다. **쓰기 영역**에서는 생각 그물을 통해 떠올린 생각들을 서로 관계있는 것끼리 모아 다시 정리해 봅니다.

E1집 3호 영역별 학습내용

듣기·말하기 (36a~36b)

흉내 내는 말 듣고 느낌 말하기 2
흉내 내는 말이 쓰인 시와 이야기를 듣고, 흉내 내는 말을 찾아봅니다.

읽기

(37a~38b) 전래 동화 : 이야기 주머니
지혜로운 하인과 자기 잘못을 뉘우치고 이야기들을 풀어 준 도령에 관한 이야기를 읽고 인물의 성격을 살펴봅니다.

(39a~40b) 전래 동화 : 나무 도령
어려운 이웃들을 도와준 착한 나무 도령이 어떻게 되었는지 생각해 봅니다.

(41a~43b) 생활문 : 내 동생 지후
엄마가 안 계시는 동안 어린 동생을 돌보는 승철이의 이야기를 통해 동생을 아끼는 형의 마음을 생각해 봅니다.

문법 (45a~47b)

기본문 3
기본이 되는 문장 중에서 '무엇이 무엇이다'로 이루어진 문장에 대해 살펴보고, '무엇이 무엇이다' 로 이루어진 문장을 만들어 봅니다.

쓰기 (48a~50b)

연상 3
사물을 보고 듣고 생각할 때 그와 관련 있는 다른 사물을 머리에 떠올려 보고, 관련 있는 것끼리 정리해 봅니다.

E1집 3호 한 눈 에 보 기

듣기 말하기
- 구름이 어떻게 떠가는지 말해 보세요.
  구름이 둥실둥실 떠갑니다.

문법
- 나팔꽃은 무엇인가요?
  나팔꽃은 식물입니다.

읽기
- 장미는 어떤 성격인가요?
  잘난 체를 합니다.

쓰기
- 그림을 보면 어떤 것들이 떠오르는지 써 보세요.
  예 장미, 나팔꽃, 예쁘다, 구름 등

★ 흉내 내는 말과 인물의 성격을 생각해 보고, 그림 속 장면을 '무엇이 무엇이다'의 문장으로 나타내어 봅니다. 그리고 그림을 보고 떠오르는 생각을 자유롭게 써 봅니다.

**흉내 내는 말 듣고
느낌 말하기 2**

 시를 듣고, 물음에 답하여 봅시다.

1 이 시에 나오는 사람은 누구와 누구인가요? (　　　)

① 아빠와 엄마　　　　　② 오빠와 동생

③ 엄마와 아기　　　　　④ 할머니와 아기

⑤ 할아버지와 할머니

2 엄마가 부르면 아기는 어떻게 걸음마한다고 하였나요? (　　　)

① 으앙　　　　　② 빙그레

③ 성큼성큼　　　　　④ 아장아장

⑤ 새근새근

1 흰 구름은 무엇을 보고 첫눈에 반하였나요? (　　　)

① 눈　　　　　　　② 땅　　　　　　　③ 별

④ 여우　　　　　　⑤ 옹달샘

2 흰 구름이 떠다니는 모양을 흉내 내는 말은 무엇인가요? (　　　)

① 둥실둥실　　　　　　② 빙글빙글

③ 반짝반짝　　　　　　④ 훌쩍훌쩍

⑤ 슬금슬금

3 흰 구름의 눈물은 무엇이 되었나요?

공부한 날
월　　일

흉내 내는 말 듣고
느낌 말하기 2

쪽지

들 기 대 본은 '정답 및 해설'에 있어요.

읽기

 글을 읽고, 물음에 답하여 봅시다.

이야기 주머니

옛날 옛날에 이야기를 좋아하는 도령이 있었습니다. 도령은 사람들을 만나면 이야기를 해 달라고 졸랐습니다. 그리고 들은 이야기를 주머니 속에 넣고 꽁꽁 묶었습니다.

어느덧 도령이 자라 장가를 가게 되었습니다. 도령이 장가를 가는 날 아침, 주머니 속 이야기들이 모여 소곤거렸습니다.

"답답해 죽겠어. 그동안 우리를 여기에 가두어 둔 도령에게 앙갚음을 하자."

"좋아. 나는 먹음직한 딸기로 변해서 도령이 나를 먹으면 죽게 할 테야."

"나는 시원한 샘물로 변해서 나를 마시면 죽게 할 테야."

 **1** 도령은 들은 이야기를 어디에 넣어 꽁꽁 묶었나요? (   )

① 　② 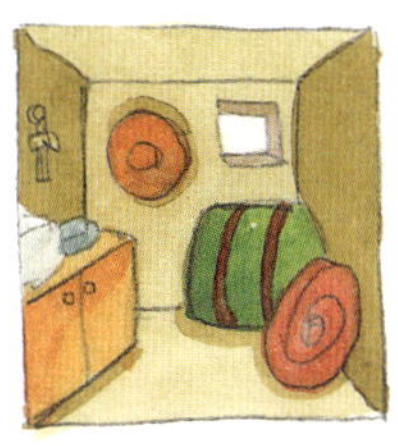　③ 

④ 　⑤ 

2 주머니 속 이야기들은 무엇과 무엇으로 변하여 도령에게 앙갚음을 하기로 하였나요? (   )

① 말　　　② 딸기　　　③ 샘물
④ 새색시　　⑤ 주머니

3 이야기들이 도령에게 앙갚음을 하기로 한 까닭은 무엇인가요? (   )

① 도령이 장가를 가서
② 주머니가 너무 더러워서
③ 이야기를 해 달라고 졸라서
④ 도령이 이제 이야기를 듣지 않아서
⑤ 이야기들을 주머니 속에 가두어 놓아서

● ● ●

전래 동화
– 이야기 주머니

 글을 읽고, 물음에 답하여 봅시다.

그런데 이야기들의 말을 도령의 하인이 엿들었습니다.

아무것도 모르는 도령은 신부 집으로 향했습니다.

신부 집으로 가는 길에 정말 먹음직한 딸기가 있었습니다.

"저 딸기 먹고 싶어."

"안 돼요. 그럴 시간이 없어요."

하인은 도령이 딸기를 먹지 못하게 하려고 ㉠말고삐를 잡아당겼습니다. 얼마 후 맑은 샘물이 나타났습니다.

"목이 말라. 물을 마시고 가자."

하인은 또 말고삐를 잡아당겨 도령이 말에서 내리지 못하게 했습니다.

다음 날, 하인은 도령에게 모든 이야기를 했습니다. 깜짝 놀란 도령은 자신이 한 일을 후회하며 이야기들을 풀어 주었습니다. 그래서 오늘날까지 이야기가 전해 내려오는 것입니다.

낱말 풀이

하인: 옛날에 남의 집에 매여 일을 하는 사람.

엿들었습니다: 다른 사람의 말을 몰래 들었습니다.

말고삐: 말을 끄는 줄.

4 이야기들의 말을 누가 엿들었나요?

도령의 ☐☐

5 하인이 ㉠처럼 한 까닭은 무엇인가요? (   )

① 심심해서
② 말이 천천히 가서
③ 딸기가 맛이 없어서
④ 신부 집이 얼마 남지 않아서
⑤ 도령이 딸기를 먹지 못하게 하기 위해서

 핵심 문제

6 누구에 대한 이야기인지 알맞은 것끼리 이어 봅시다.

(1) 
도령

(2) 
하인

① 슬기롭게 주인을 구해 준 사람

② 자신의 잘못을 뉘우치고 이야기들을 풀어 준 사람

● ● ●
전래 동화
– 이야기 주머니

도령은 이야기를 좋아해서 이야기들을 주머니 속에 넣어 두었지만 그것이 잘못되었다는 것을 알고 후회하여 이야기들을 풀어 주었지요. 그리고 하인은 도령에게 나쁜 일이 생기지 않도록 슬기롭게 도령을 잘 보살펴 주었어요.

글감
나무 도령

중심 생각
어려운 이웃들을 도와준 착한 나무 도령이 복을 받음.

**전래 동화
– 나무 도령**

 글을 읽고, 물음에 답하여 봅시다.

나무 도령

옛날 옛날에 나무 한 그루가 있었습니다. 그 나무는 하늘에서 내려온 선녀와 사랑을 하였습니다. 그리고 사내아이를 낳았고, 그 아이는 마음씨 착한 도령으로 자라났습니다. 그 후, 나무에서 태어났다고 하여 나무 도령이라 불렸습니다.

어느 날, 열흘 동안 큰비가 내려 온 세상이 물에 잠겼습니다. 그래서 나무 도령과 도령이 태어난 나무는 물에 떠내려가게 되었습니다.

어느 날, 개미 떼와 모기 떼가 떠내려가는 것을 보고 나무 도령이 구해 주었습니다. 또 얼마쯤 갔을 때, 한 사내아이가 물에 빠져 허우적대고 있었습니다. 나무 도령은 사내아이가 불쌍해서 구해 주었습니다.

낱말 풀이

선녀:하늘 나라에 사는 여자.

열흘:10일.

허우적대고:손이나 발을 자꾸 이리저리 마구 흔들고.

1 나무에서 태어난 사내아이는 자라서 무엇이라 불렸나요?

2 온 세상이 물에 잠기자 나무 도령과 도령이 태어난 나무는 어떻게 되었나요? (　　　)

① 다쳤습니다.
② 싸웠습니다.
③ 선녀를 만났습니다.
④ 물에 떠내려갔습니다.
⑤ 물에 빠져 죽었습니다.

서술형 문제

3 나무 도령이 누구누구를 구해 주었는지 써 봅시다.

나무 도령이 　　　　　 ,　　　　　 , 사내아이를

구해 주었습니다.

전래 동화
– 나무 도령

마음씨 착한 나무 도령은 개미 떼, 모기 떼, 사내아이를 구해 주었어요.

전래 동화
– 나무 도령

　나무 도령은 한참을 떠내려가다가 어떤 섬에 다다라 그곳에서 살게 되었습니다. 그 섬에는 할머니와 마음 착한 딸과 심술 맞은 딸이 있었습니다. 세월이 흘러 나무 도령은 결혼할 나이가 되었습니다.

　할머니는 나무 도령에게 모래밭에서 좁쌀을 모두 주워 오면 사위로 삼겠다고 말했습니다. 나무 도령이 어쩔 줄 모르고 있을 때, 개미 떼가 나타나서 좁쌀을 모두 주워 주었습니다. 밤이 되자 할머니는 두 딸을 동쪽과 서쪽 방에 들어가게 하고 나무 도령에게 방을 정하라고 말했습니다. 나무 도령이 망설이고 있을 때, 모기 떼가 나타나 동쪽 방으로 가라고 말하였습니다.

　과연 동쪽 방에는 착한 딸이 있었습니다. 그래서 그 둘은 결혼해서 행복하게 살았습니다. 개미 떼와 모기 떼는 목숨을 구해 준 나무 도령에게 은혜를 갚았던 것입니다.

낱말 풀이

좁쌀: 조의 열매를 찧은 쌀.
사위: 딸의 남편.
망설이고: 이리저리 생각만 하며 결정하지 못하고.

4 나무 도령은 한참을 떠내려가다 어디에 다다랐나요?

어떤 ☐

● ● ●

전래 동화
– 나무 도령

5 개미 떼와 모기 떼가 어떻게 나무 도령을 구해 주었는지 알맞은 것끼리 이어 봅시다.

(1) 개미 떼 •　　　　　　　　• ① 동쪽 방으로 가라고 말해 줌.

(2) 모기 떼 •　　　　　　　　• ② 좁쌀을 모두 주워 줌.

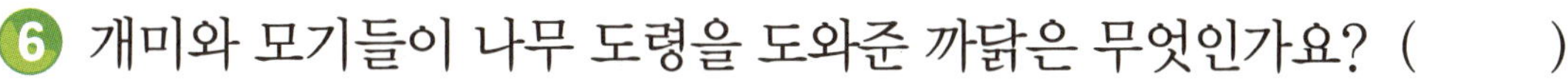

6 개미와 모기들이 나무 도령을 도와준 까닭은 무엇인가요? (　　　)

① 친구여서

② 할머니가 부탁하여서

③ 나무 도령이 도와 달라고 하여서

④ 나무 도령에게 은혜를 갚기 위해서

⑤ 나무 도령에게 신기한 재주가 있어서

글을 읽고, 물음에 답하여 봅시다.

내 동생 지후

“승철아. 엄마 잠깐 시장에 갔다 올게.”

‘야호, 엄마 나가시면 컴퓨터 해야지.’

“엄마 없다고 컴퓨터만 하지 말고, 숙제하고 있어. 아빠 퇴근하시면 할아버지 댁에 갈 거야. 지후도 잘 봐야 한다.”

나는 풀이 죽어 숙제를 했습니다. 숙제를 다 하고 컴퓨터를 켜려고 하는데 동생 지후의 울음소리가 들렸습니다.

‘아, 귀찮아. 왜 벌써 깬 거야?’

지후는 더 크게 울었습니다. 나는 할 수 없이 지후를 데리고 밖으로 나갔습니다. 지후는 큰길로 가자고 졸랐습니다.

“안 돼, 지후야. 큰길은 위험해. 형이 찻길 그려 줄게.”

1 엄마는 어디에 갔다 온다고 하셨나요?

2 글쓴이는 왜 동생을 데리고 밖으로 나갔나요? (　　　)

① 동생이 울어서

② 놀이터에서 놀고 싶어서

③ 할아버지 댁에 가기 위해서

④ 자동차 놀이를 하고 싶어서

⑤ 엄마와 함께 시장에 가기 위해서

3 글쓴이는 엄마가 나가시면 무엇을 할 생각이었는지 맞는 것에 ○표를 하여 봅시다.

① 　　② 　　③ 

　（　　　）　　　　（　　　）　　　　（　　　）

읽기

 글을 읽고, 물음에 답하여 봅시다.

나는 돌멩이로 찻길을 그렸습니다. 횡단보도도 그리고, 자동차도 그렸습니다. 지후는 '빵빵' 하며 찻길을 따라왔습니다. 그런데 찻길이 잘 안 보였습니다.

"지후야, 여기 있어. 형이 잘 그려지는 것을 찾아 올게."

나는 화단으로 가서 깨진 화분 조각을 주웠습니다.

'이거면 잘 그려지겠다.'

"지후야, 형이 이거 찾아 왔다."

그런데 지후가 보이지 않았습니다. 여기저기 둘러보았지만 어디에도 지후가 보이지 않았습니다.

그때 뒤쪽에서 어린아이 우는 소리가 들렸습니다.

나는 소리가 나는 쪽으로 달려갔습니다. 넘어진 아이를 다른 사람이 안아 주고 있었습니다. 지후가 아니었습니다.

화단: 꽃을 심기 위해 흙으로 꾸며 놓은 꽃밭.

④ 글쓴이가 돌멩이로 그린 것은 무엇인가요? (   )

① 기차   ② 화단   ③ 찻길

④ 엄마   ⑤ 어린아이

생활문

– 내 동생 지후

⑤ 글쓴이가 화단에서 주운 것은 무엇인가요? (   )

①

꽃

②

자동차

③

깨진 화분 조각

④

개미

⑤

곰 인형

서술형 문제

⑥ 글쓴이는 뒤쪽에서 어린아이의 우는 소리가 들리자 어떻게 하였는지 써 봅시다.

소리가 나는 ________________________________

생활문
– 내 동생 지후

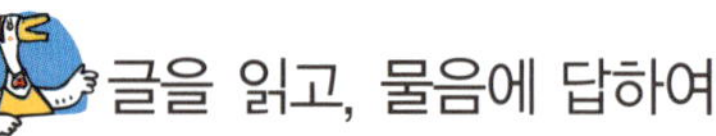 글을 읽고, 물음에 답하여 봅시다.

'그럼 지후가 어딜 갔지? 놀이터에 갔나?'

놀이터로 뛰어가려는데 갑자기 자동차가 급히 멈추는 소리가 났습니다. 나는 소리가 난 곳으로 달려갔습니다.

'어떻게 하지? 지후면 어떻게 하지?'

다행히 자동차가 급히 멈춘 곳에 지후는 없었습니다. 나는 다시 놀이터로 뛰기 시작했습니다.

"야, 이지후!"

거기에 지후가 있었습니다. 나는 눈물을 닦으며 지후 앞으로 다가갔습니다. 나를 보자 지후는 빙그레 웃으며 장난감을 들어 보였습니다.

나는 지후를 꼭 안았습니다.

'지후야, 이제 우리 절대로 떨어지지 말자.'

낱말 풀이

빙그레: 입을 조금 벌리고 소리 없이 부드럽게 웃는 모양.

❼ 지후는 어디에 있었나요?

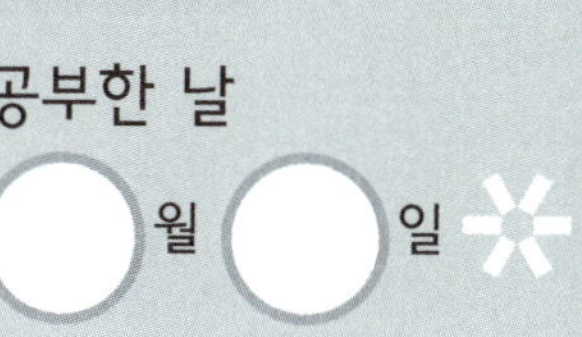

● ● ●
생활문
– 내 동생 지후

8 지후는 글쓴이를 보고 빙그레 웃으며 어떻게 하였나요? (　　　)

① 때렸습니다.

② 꼬집었습니다.

③ 꼭 껴안았습니다.

④ 장난감을 들어 보였습니다.

⑤ 장난감을 사 달라고 졸랐습니다.

 서술형 문제

9 글쓴이는 지후를 안으면서 무슨 생각을 하였는지 써 봅시다.

지후야, ____

글쓴이는 동생을 애타게 찾았고, 찾았을 때에도 지후를 꼭 안으면서 절대로 떨어지지 말자고 생각했습니다. 이런 행동들로 보아 글쓴이는 동생 지후를 많이 사랑하고 있다는 것을 알 수 있습니다.

 핵심 문제

10 친구들이 글쓴이(승철)에 대한 생각을 이야기합니다. 맞는 말에는 ○표, 틀린 말에는 ×표를 하여 봅시다.

(1) 철호 : 승철이는 동생을 울리는 정말 나쁜 아이야. (　　　)

(2) 영주 : 승철이는 이번 일로 자신이 동생을 많이 사랑하고 있다는 걸 느꼈을 거야. (　　　)

숲의 요정 ③

글 · 그림 임난영

그만 좀 할 수 없어?
얼굴도 보기 싫으니 당장 사라져 버려!
오, 나르키소스!
흑흑

● ● ●

기본문 3

　　기본이 되는 문장(기본문)에는 '무엇이 어찌하다', '무엇이 어떠하다', '무엇이 무엇이다', '무엇이 무엇을 어찌하다' 의 형태가 있습니다.

　예　원숭이는 + 동물이다 → 원숭이는 동물이다.
　　　무엇이　　　무엇이다　　　　무엇이 무엇이다

　　예 는 '무엇이 무엇이다' 로 이루어진 문장입니다. 예 에서 '원숭이는' 은 '무엇이' 에 해당하는 말이고, '동물이다' 는 '무엇이다' 에 해당하는 말입니다.

1 그림에 알맞은 말을 찾아 이어 봅시다.

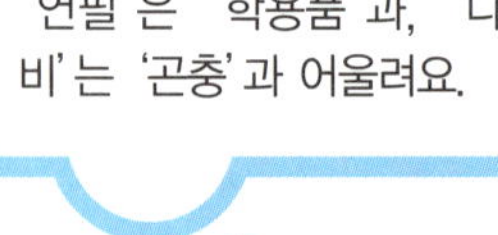

(1)

　　　　　　　　　•　　　　　　　　　•　① 학용품이다.

(2)

　　　　　　　　　•　　　　　　　　　•　② 곤충이다.

 ❷ **보기** 와 같이 '무엇이' 에 해당하는 말에 ○표를 하여 봅시다.

> **보기**
>
>  (연필은, 긴) 학용품이다.
> 무엇이

(1)  (사과는, 빨간) 과일이다.
무엇이

(2)  (무궁화는, 아름다운) 꽃이다.
무엇이

(3)  (기린은, 큰) 동물이다.
무엇이

(4)  (김밥은, 맛있는) 음식이다.
무엇이

● ● ●

기본문 3

3 보기 와 같이 '무엇이다' 에 해당하는 말에 ○표를 하여 봅시다.

> 보기
>
> 
>
> 나비는 (날아다닌다, 곤충이다).
> 무엇이다

(1)

바이올린은 (악기이다, 달린다).
무엇이다

(2)

원숭이는 (노래한다, 동물이다).
무엇이다

(3)

이 건물은 (움직인다, 병원이다).
무엇이다

(4)

줄다리기는 (놀이이다, 뛴다).
무엇이다

4 보기 와 같이 '무엇이'에 해당하는 말을 골라 문장을 완성하여 봅시다.

> **보기**
>
> (귤은, 맛있는)
>
> → [귤은] 과일이다.
> 　　무엇이

(1) (따뜻한, 우유는)

→ [　　　　] 음료수이다.
　무엇이

(2) (필통은, 값비싼)

→ [　　　　] 학용품이다.
　무엇이

(3) (개나리는, 아름다운)

→ [　　　　] 식물이다.
　무엇이

(4) (잠자리는, 작은)

→ [　　　　] 곤충이다.
　무엇이

공부한 날　○ 월　○ 일

● ● ●

기본문 3

5 보기 와 같이 '무엇이다'에 해당하는 말을 골라 문장을 완성하여 봅시다.

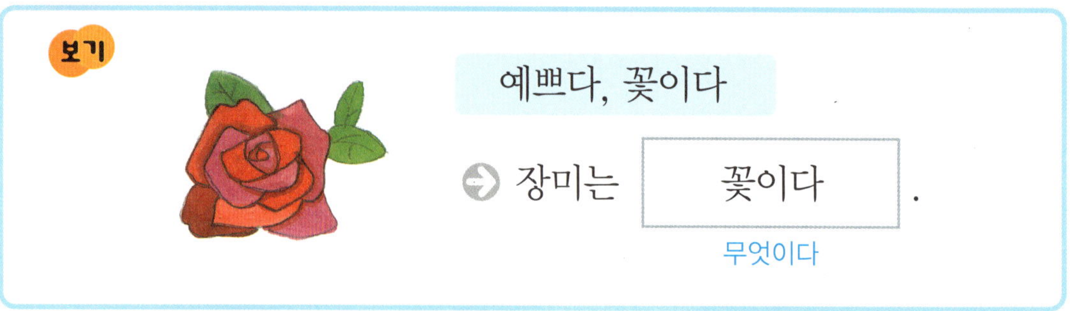

보기

예쁘다, 꽃이다

➡ 장미는 [꽃이다] .

무엇이다

(1) 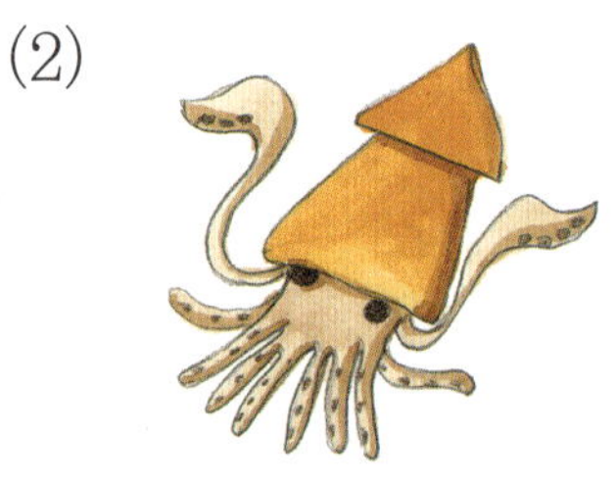

달콤하다, 과일이다

➡ 바나나는 [   ] .

무엇이다

(2)

맛있다, 동물이다

➡ 오징어는 [   ] .

무엇이다

(3)

가볍다, 그릇이다

➡ 접시는 [   ] .

무엇이다

(4)

악기이다, 무겁다

➡ 피아노는 [   ] .

무엇이다

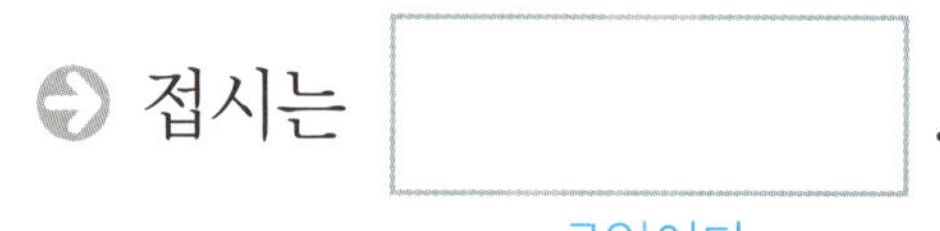

6 **보기** 와 같이 '무엇이' 와 '무엇이다' 에 해당하는 말을 골라 '무엇이 무엇이다' 로 이루어진 문장을 만들어 봅시다.

보기

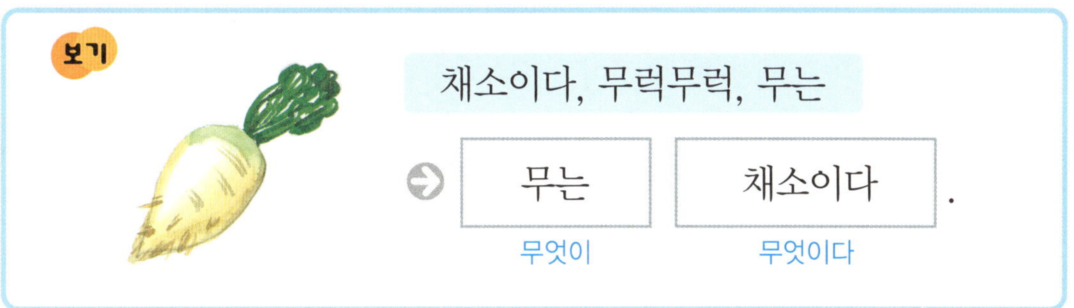

채소이다, 무럭무럭, 무는

→ | 무는 | 채소이다 | .
무엇이 무엇이다

기본문 3

(1)

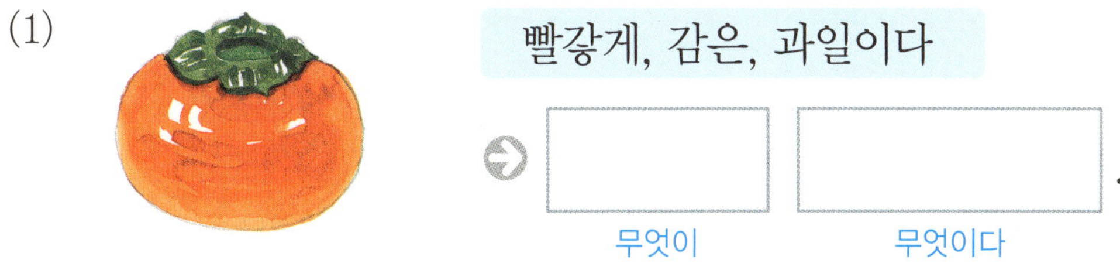

빨갛게, 감은, 과일이다

→ [ ] [ ] .
무엇이 무엇이다

(2)

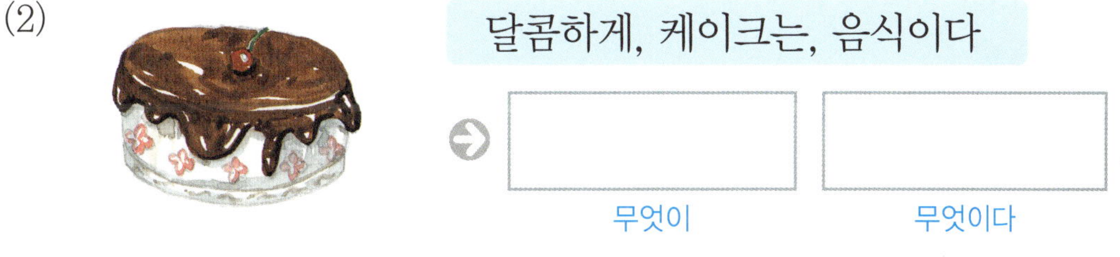

달콤하게, 케이크는, 음식이다

→ [ ] [ ] .
무엇이 무엇이다

(3)

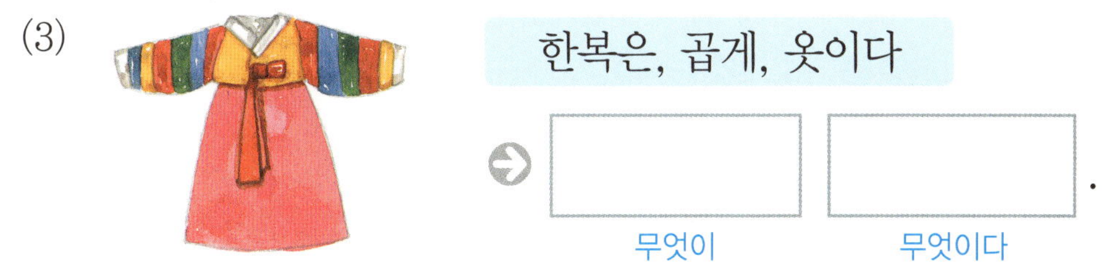

한복은, 곱게, 옷이다

→ [ ] [ ] .
무엇이 무엇이다

생각 그물을 통해 떠올린 생각들을 서로 관계있는 것끼리 다시 모아서 정리할 수 있는데 이것을 '생각 다발 짓기'라고 합니다.

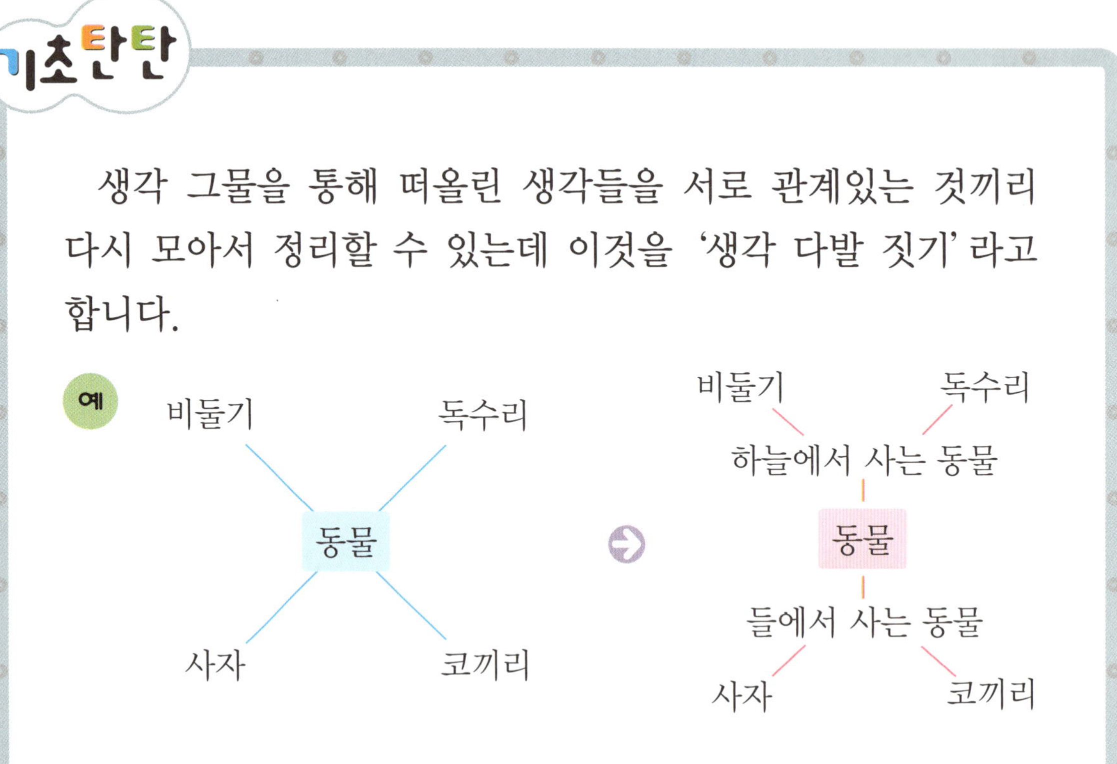

1 보기 와 같이 서로 관계있는 것끼리 모아서 다시 정리하여 보고 빈칸에 알맞은 말을 써 봅시다.

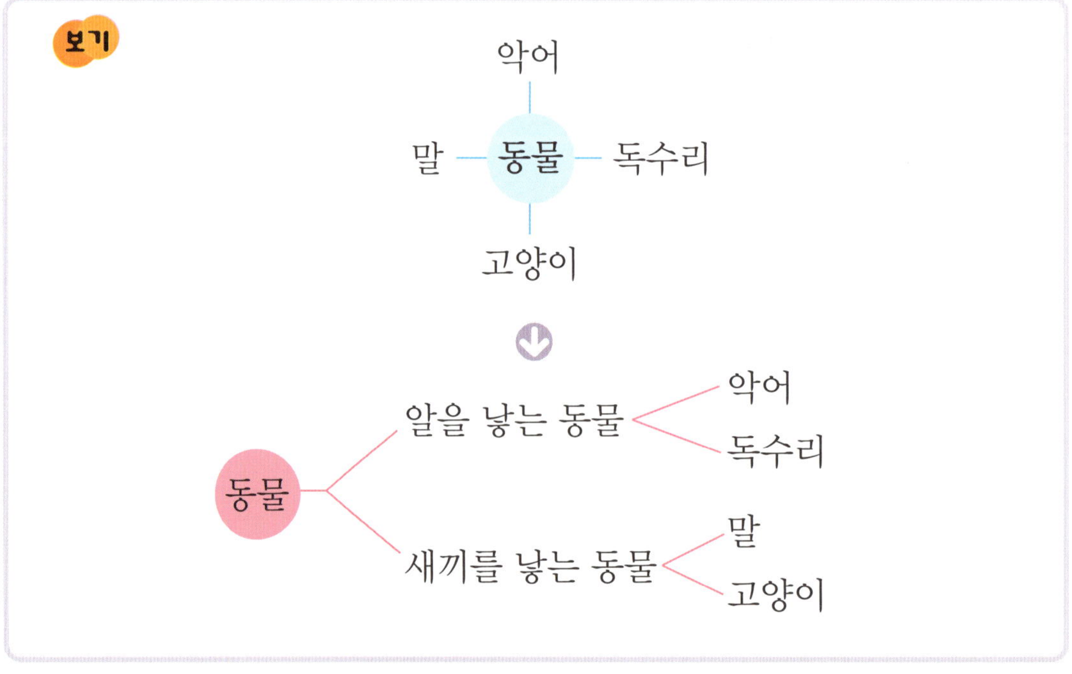

연상 3

중국
유럽
기차
배
여행
비행기
제주도
설악산

비행기
교통편 — 여행 — 여행지
배
② [ ]
① [ ]
국내
설악산
국외
유럽
중국

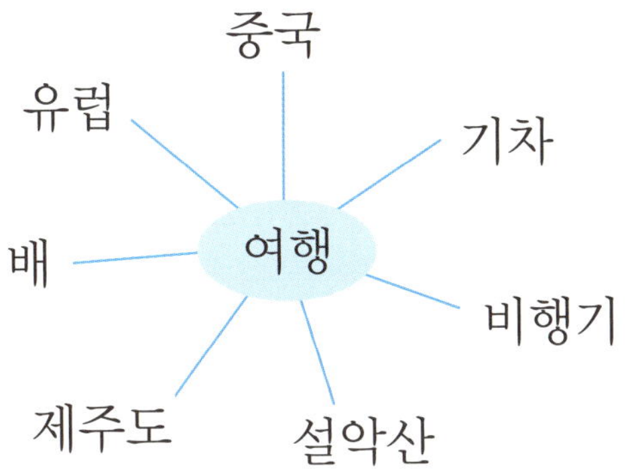

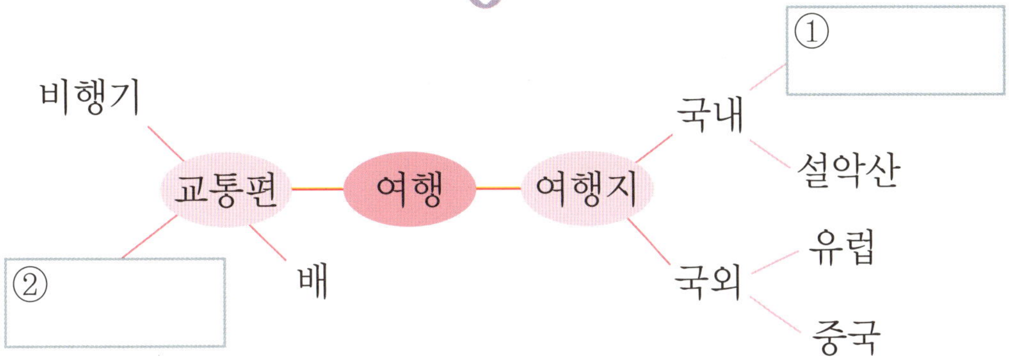

다발을 지을 때에는 생각을 묶는 기준을 정해야 합니다. 비행기, 배, 기차는 교통편으로 묶을 수 있고, 제주도, 설악산, 유럽, 중국은 여행지로 묶을 수 있습니다.

연상 3

② 책을 읽고 떠오르는 것들을 **보기** 와 같은 형태로 관련된 것끼리 정리하여 봅시다.

보기

왕자 —— 왕자가 유리 구두로 신데렐라를 찾음.

유리 구두   호박 마차 —— 무도회장

신데렐라 — 새어머니 — 언니들 ＼ 새어머니와 언니들의 구박을 받음.

↓

새어머니   언니들   왕자

나오는 사람들

신데렐라

내용 — 새어머니와 언니들의 구박을 받음.

왕자가 유리 구두로 신데렐라를 찾음.

생각 다발 짓기를 하면 생각 그물에서 필요한 생각들만 골라 글 쓰기 좋게 다듬을 수 있어요.

요정

제페토 할아버지

피노키오

제페토 할아버지가 나무를 깎아 피노키오를 만듦.

제페토 할아버지를 구하고 진짜 사람이 됨.

거짓말 — 코가 길어짐.

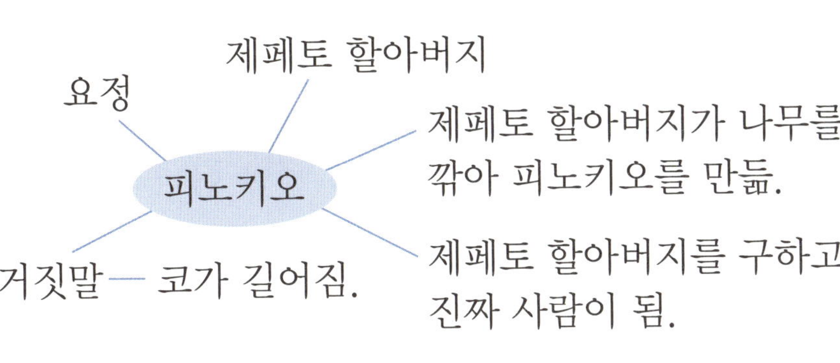

①

②

③

나오는 사람들

피노키오

내용

제페토 할아버지를 구하고 진짜 사람이 됨.

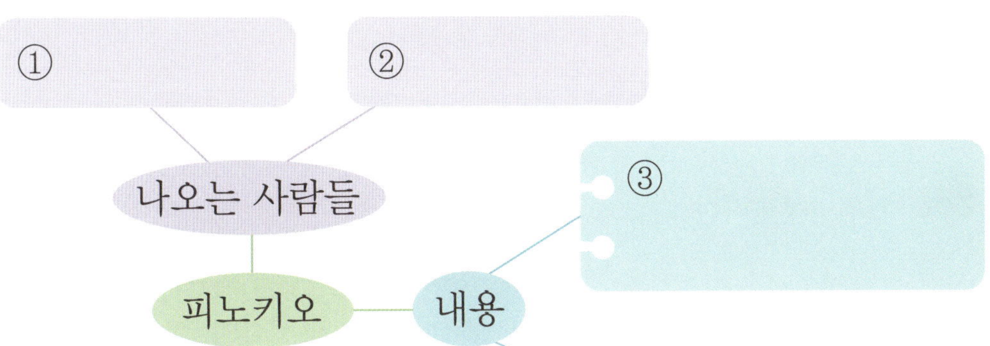

이야기를 읽고 떠오르는 것들을 적어 보세요. 그리고 나오는 사람, 내용을 관련 있는 것끼리 묶어 보세요.

연상 3

쓰려고 하는 글과 관련된 생각들을 생각 그물로 나타내면 다양하고 새로운 소재들을 찾을 수 있을 뿐만 아니라 보다 쉽게 글을 써 나갈 수 있습니다.

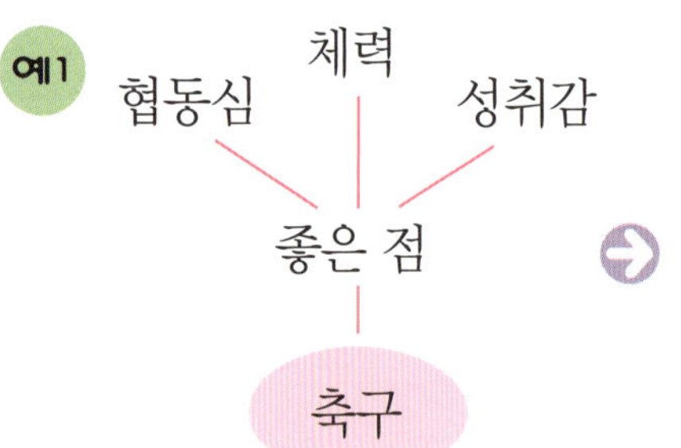

축구를 하면 체력이 강해지고 협동심을 기를 수 있으며, 승리를 했을 때에는 성취감도 느낄 수 있습니다.

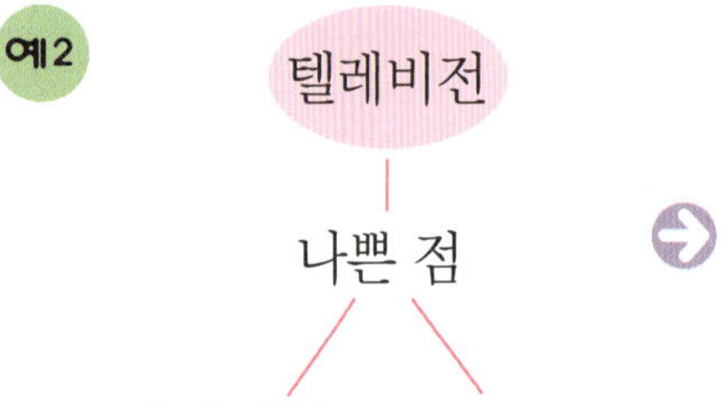

텔레비전을 오랫동안 보면 눈이 나빠지고 공부할 시간이 줄어듭니다.

예1 은 축구의 좋은 점을, 예2 는 텔레비전의 나쁜 점을 짧은 글로 쓴 것입니다.

생각 다발 짓기는 다듬어진 형태의 생각 그물이라고 할 수 있어요.

3 **보기** 와 같이 생각 그물을 바탕으로 짧은 글을 써 봅시다.

교실에서 뛰는 것

|

부딪히거나 넘어짐. — 크게 다칠 수 있음.

⬇

교실에서 뛰어다니면 친구들과 부딪히기 쉬우
며 가방 따위에 걸려 넘어져 크게 다칠 수도
있습니다.

교실에서 떠드는 것

|

시끄러움. — 공부하는 친구들에게 피해를 줌.

⬇

____

____

____

____

연상 3

생각 그물을 그려 본 후,
글을 쓰면 쉽게 글을 쓸 수
있어요.

브레인 퀴즈

다음 그림을 잘 보고, 이상하거나 어색한 점을 찾아보세요.

성취도 테스트

이름	날짜	점수
	월 일	

🐤 3호 표지의 QR을 이용해 음성 녹음을 듣고 문제를 풀어 보세요.

이야기를 듣고, 물음에 답하여 봅시다. (01)

01 햇볕이 내리쬐는 모습을 흉내 낸 말을 써 봅시다.

02 뀐에서 도령은 사람들을 만나면 무엇을 해 달라고 졸랐는지 써 봅시다.

도령은 사람들을 만나면 [   ]를 해 달라고 졸랐습니다.

03 도령은 들은 이야기들을 어디에 넣었나요?

04 다음 빈칸에 알맞은 말을 써 봅시다.

오늘날까지 이야기가 전해 내려오는 것은 도령이 자신이 한 일을 후회하며 이야기들을 [   ] [   ] 때문입니다.

글을 읽고, 물음에 답하여 봅시다. (02~04)

뀐 옛날 옛날에 이야기를 좋아하는 도령이 있었습니다. 도령은 사람들을 만나면 이야기를 해 달라고 졸랐습니다. 그리고 들은 이야기를 주머니 속에 넣고 꽁꽁 묶었습니다.

　어느덧 도령이 자라 장가를 가게 되었습니다. 도령이 장가를 가는 날 아침, 주머니 속 이야기들이 모여 소곤거렸습니다.

뀌 다음 날, 하인은 도령에게 모든 이야기를 했습니다. 깜짝 놀란 도령은 자신이 한 일을 후회하며 이야기들을 풀어 주었습니다. 그래서 오늘날까지 이야기가 전해 내려오는 것입니다.

글을 읽고, 물음에 답하여 봅시다. (05~06)

뀐 승철아, 엄마 잠깐 시장에 갔다 올게."
　'야호, 엄마 나가시면 컴퓨터 해야지.'
　"엄마 없다고 컴퓨터만 하지 말고, 숙제하고 있어. 아빠 퇴근하시면 할아버지 댁에 갈 거야. 지후도 잘 봐야 한다."
　나는 풀이 죽어 숙제를 했습니다. 숙제를 다 하고 컴퓨터를 켜려고 하는데 동생 지후의 울음소리가 들렸습니다.
　'아, 귀찮아. 왜 벌써 깬 거야?'

05 글쓴이는 아빠가 퇴근하시면 어디에 가야 하나요?

| | | | | 댁 |

06 동생 지후가 깨서 울자 글쓴이는 어떤 생각이 들었나요? (   )
① '귀찮아.'　　　　② '즐거워.'
③ '아이, 좋아.'　　④ '진짜, 싫어.'
⑤ '달래 줘야겠다.'

07 밑줄 친 부분에 들어갈 '무엇이'에 해당하는 알맞은 말은 무엇인가요? (   )

> _______________ 채소이다.
> 무엇이

① 좋게　　　② 맛있게　　　③ 싱싱하게
④ 시금치는　　⑤ 시금치를

08 밑줄 친 부분에 들어갈 '무엇이다'에 해당하는 알맞은 말은 무엇인가요? (   )

> 연필은 _______________ .
> 무엇이다

① 싸게　　　② 짧게　　　③ 길게
④ 집이다　　⑤ 학용품이다

09 보기 에서 주어진 생각 그물을 관련 있는 것끼리 정리하여 봅시다.

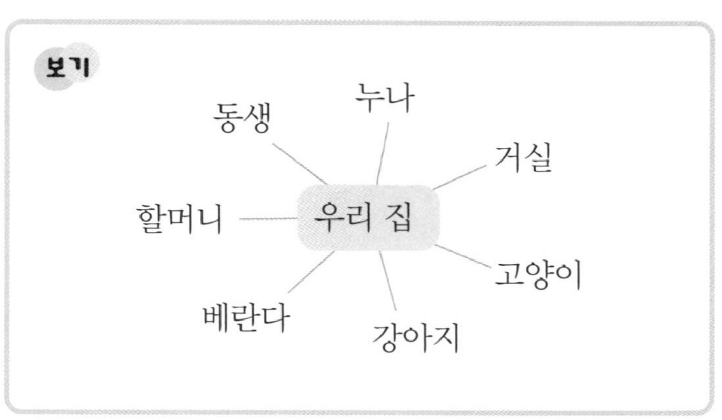

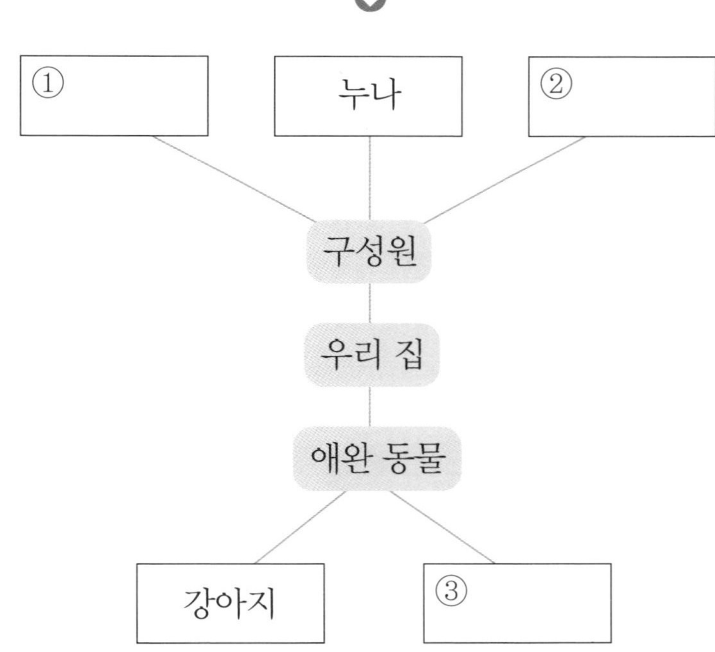

10 보기 와 같이 짧은 글을 써 봅시다.

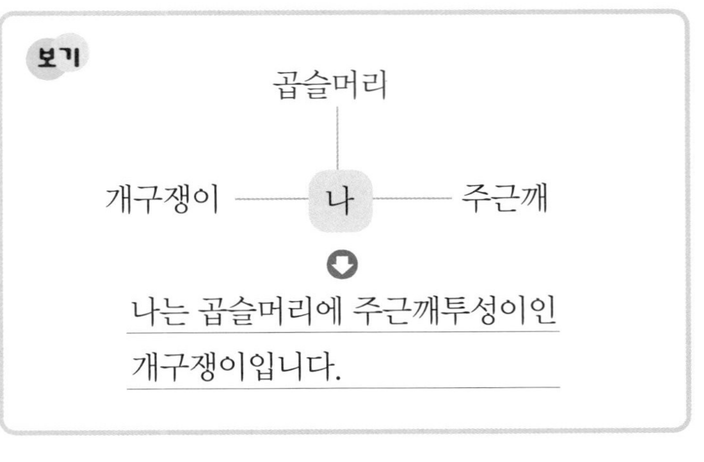

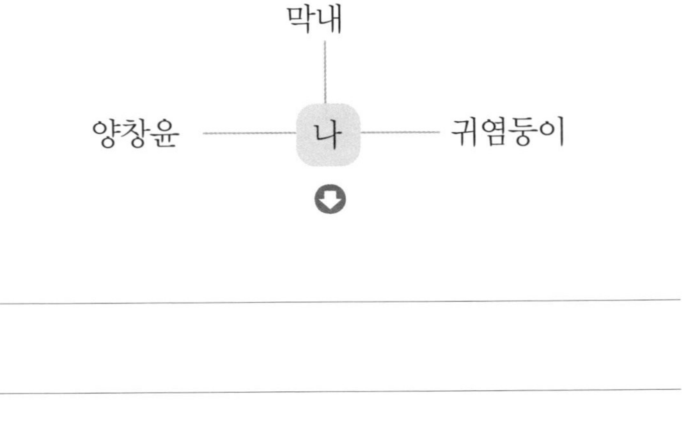

____

____

____

E1집 커리큘럼에 따라 학습이 이루어지며, 각 호 교재의 학습이 끝나면 성취도 테스트를 실시합니다. 성취도 테스트는 각 호별 학습을 마치고 학습 능력을 확인 점검하는 평가입니다.

어머니께서는 아이가 즐거운 마음으로 자신 있게 테스트할 수 있도록 유도해 주시고, 우수한 테스트 결과가 나오면 칭찬하여 주십시오. 영역별 학습 결과에 따라 부족한 부분은 다시 한번 복습하여 주십시오.

학습자의 성취도를 높이고, 다음 학습의 동기를 부여하는 데 테스트의 목적이 있습니다.

기탄국어 E1집 커리큘럼

영역	1호	2호	3호	4호
듣기 · 말하기	발음에 주의하여 듣고 말하기(ㅏ, ㅣ, ㅗ, ㅜ)	흉내 내는 말 듣고 느낌 말하기 1	흉내 내는 말 듣고 느낌 말하기 2	흉내 내는 말 듣고 느낌 말하기 3
읽기	동시, 일기, 창작 동화	동시, 생활문, 일기, 창작 동화	생활문, 전래 동화	동시, 편지, 생활문
연재만화	그리스 신화 – 숲의 요정 1	그리스 신화 – 숲의 요정 2	그리스 신화 – 숲의 요정 3	그리스 신화 – 숲의 요정 4
문법	기본문 1	기본문 2	기본문 3	기본문 4
쓰기	연상 1	연상 2	연상 3	소개하는 글 쓰기 1
쉬어가기	길 찾기	열두 고개	브레인 퀴즈	숨은그림찾기

기탄국어 E1집 3호 성취도 테스트 관리표

문항 수 (10)	영역	학습 평가 기준(정답 수 기준)						
		정답 수	가 군	정답 수	나 군	정답 수	다 군
1	듣기 · 말하기	1	· 학습 성취도가 매우 높습니다.	0	· 현재 잘하고 있으니 더욱 잘할 수 있도록 격려하여 주십시오.	0	· 학습 성취도가 낮은 편입니다.
5	읽기	4~5	· 뛰어난 실력이므로 칭찬을 많이 하여 주십시오.	2~3		0~1	· 자신감을 잃지 않도록 격려하여 주십시오.
2	문법	2		1	· 틀린 부분을 확인한 후 다음 교재를 시작하십시오.	0	· 현재 교재를 복습하여 주십시오.
2	쓰기	2	· 다음 교재를 바로 시작하십시오.	1		0	

펴낸이 : 정지향
펴낸곳 : (주)기탄교육
기획·편집·디자인 : 기탄교육연구소
주소 : 06698 서울특별시 서초구 효령로 40 기탄출판센터
등록 : 제2000-000098호
전화 : (02) 586-1007
팩스 : (02) 586-2337

※서점에 갈 시간이 없거나 구하기 어려운 분은 인터넷 또는 전화로 신청하세요. 즉시 우송해 드립니다.
www.gitan.co.kr

기탄국어 E단계 1집 52a~68a

새기탄 국어

E1집 4호
52a-68a

*E1집 4호 52a~68a 학습 내용

교재 번호	영역	학습 내용	듣기 음성 녹음
52a~52b	무엇을 배울까요?	E1집 4호 학습 내용 소개	
53a~53b	듣기 · 말하기	흉내 내는 말 듣고 느낌 말하기 3	
54a~60b	읽기	동시, 편지, 생활문	
61a~61b	연재만화	그리스 신화 – 숲의 요정 4	
62a~64b	문법	기본문 4	
65a~67b	쓰기	소개하는 글 쓰기 1	
68a	쉬어가기	숨은그림찾기	

*학습 진단 관리표

학습 평가	듣기 · 말하기	읽기	문법	쓰기	이번 주는?
	아주 잘했어요.	아주 잘했어요.	아주 잘했어요.	아주 잘했어요.	**학습 방법** ①매일매일 ②가끔 ③한꺼번에–하였습니다.
	잘했어요.	잘했어요.	잘했어요.	잘했어요.	**학습 태도** ①스스로 ②억지로–하였습니다.
	보통이에요.	보통이에요.	보통이에요.	보통이에요.	**교재 내용** ①재미있다고 ②쉽다고 ③어렵다고–하였습니다.
	노력하세요.	노력하세요.	노력하세요.	노력하세요.	

지도 교사가 부모님께	부모님이 지도 교사께

종합 평가 | ⓐ 아주 잘했어요 ⓑ 잘했어요 ⓒ 보통이에요 ⓓ 노력하세요

원(교)　　　　　반　이름　　　　　　　전화

무엇을 배울까요?

듣기·말하기 영역에서는 QR을 이용하여 음성 녹음을 듣고, 흉내 내는 말에 대해 알아봅니다. **읽기 영역**에서는 친숙한 글감으로 쓰인 동시와 편지, 생활문을 읽고 생각이나 느낌을 찾아봅니다. **문법 영역**에서는 기본이 되는 문장 형식 중에서 '무엇이 무엇을 어찌하다' 로 이루어진 문장을 알고 써 봅니다. **쓰기 영역**에서는 나와 친구를 다른 사람에게 소개하는 글을 써 봅니다.

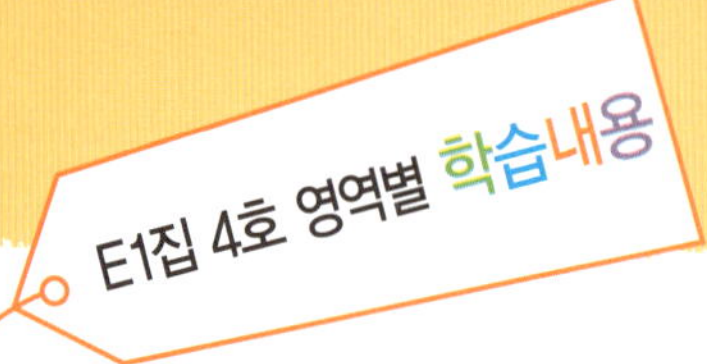

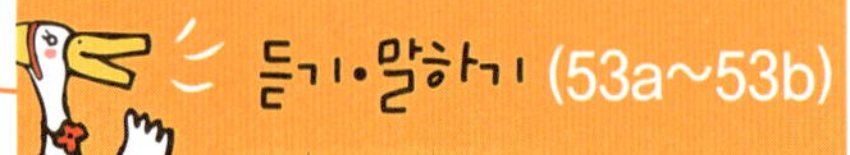

흉내 내는 말 듣고 느낌 말하기 3
흉내 내는 말이 쓰인 노래와 이야기를 듣고, 흉내 내는 말을 찾아봅니다.

읽기

(54a~54b)

동시 : 자람
발, 키, 손, 힘을 예로 들어 자라는 모습을 나타냈습니다.

(55a~55b)

동시 : 달팽이의 이사
달팽이가 기어가는 것을 달팽이가 집을 지고 이사를 간다고 표현하였습니다. 이 시를 읽은 후 떠오르는 느낌을 생각해 봅니다.

(56a~56b)

동시 : 다섯 손가락
즐거운 우리 식구들의 모습을 웃음소리로 나타내고 있습니다.

(57a~57b)

편지 : 보고 싶은 딸 채린이에게
딸을 보고 싶어 하는 아빠의 마음을 생각해 봅니다.

(58a~58b)

편지 : 사랑하는 아빠께
아빠의 편지를 받고 반가워하는 딸 채린이의 마음을 생각해 봅니다.

(59a~60b)

생활문 : 방귀 소동
유경이와 글쓴이가 동시에 방귀를 뀐 이야기를 재미있게 읽어 보고, 글쓴이의 생각이 드러난 부분을 찾아봅니다.

기본문 4
기본이 되는 문장 중에서 '무엇이 무엇을 어찌하다' 로 이루어진 문장에 대해 살펴보고, '무엇이 무엇을 어찌하다' 로 이루어진 문장을 만들어 봅니다.

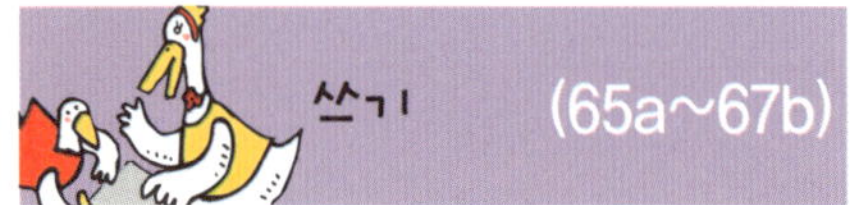

소개하는 글 쓰기 1
소개하고자 하는 대상의 특징을 잘 파악하여 다른 사람에게 나와 친구를 소개하는 글을 써 봅니다.

E1집 4호 한 눈 에 보 기

듣기
말하기

• 방귀를 어떻게 뀌었는지 말해 보세요.
방귀를 '뽕' 뀌었습니다.

문법

• 어머니는 무엇을 하시나요?
어머니는 과일을 깎습니다.

읽기

• 아버지의 생각을 말한 부분을 읽어 보세요.
텔레비전을 많이 보면 좋지 않단다.

쓰기

• 나는 누구인지 써 보세요.
나는 여덟 살인 김수민입니다.

✱ 흉내 내는 말과 생각을 말한 부분을 찾아보고 그림 속 장면을 '무엇이 무엇을 어찌하다'의 문장으로 나타내어 봅니다. 그리고 나는 누구인지 내 소개를 하여 봅니다.

 노래를 듣고, 물음에 답하여 봅시다.

1 이 노래에 등장하는 탈것은 무엇인가요? (   )

① 배   ② 기차

③ 자전거   ④ 자동차

⑤ 비행기

2 이 노래에 나오는 흉내 내는 말은 무엇인가요? (   )

① 똑똑똑   ② 땡땡땡

③ 쿵쿵쿵   ④ 따르릉

⑤ 꼬르륵

 이야기를 듣고, 물음에 답하여 봅시다.

1 영민이가 배가 고픈 까닭은 무엇인가요? (   )

① 아침을 굶어서

② 학교에서 빨리 돌아와서

③ 점심시간에 신나게 공을 차서

④ 점심시간에 도시락을 먹지 않아서

⑤ 냉장고 안에 먹을 것이 하나도 없어서

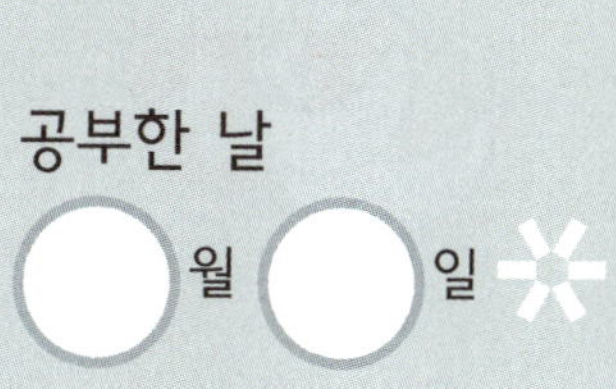

2 배가 고픈 영민이의 배 속에서 난 소리는 무엇인가요? (   )

① 으앙   ② 깔깔깔   ③ 하하하

④ 쫑알쫑알   ⑤ 꼬르륵꼬르륵

읽기

시의 짜임
2연 8행

글감
자라는 모습

중심 내용
몸이 자라 신발이 줄어들고, 댓돌이 낮아졌고, 수저가 작아졌고, 그릇이 가벼워졌다.

낱말 풀이

댓돌:집의 마루나 방문을 밟고 오르고 내릴 수 있도록 만든 돌.
수저:숟가락과 젓가락.

 시를 읽고, 물음에 답하여 봅시다.

자람

신발이 줄어들었네요.

발이 커서 그래요.

댓돌이 낮아졌네요.

키가 커서 그래요.

수저가 작아졌네요.

손이 커서 그래요.

그릇이 가벼워졌네요.

힘이 늘어서 그래요.

● ● ●

동시
– 자람

1 글쓴이는 왜 신발이 줄어들었다고 했나요? (   )

① 손이 커져서

② 발이 커져서

③ 힘이 늘어서

④ 댓돌이 낮아져서

⑤ 친구 신발과 바뀌어서

2 자라는 모습을 예로 들지 <u>않은</u> 것은 무엇인가요? (   )

① 발   ② 키   ③ 손

④ 힘   ⑤ 목소리

3 아래 빈칸에 알맞은 말을 써 봅시다.

수저가 작아졌네요.

☐ 이 커서 그래요.

- - -

동시
– 달팽이의 이사

시의 짜임
2연 6행

글감
달팽이

중심 내용
달팽이가 느릿느릿 이사를 감.

채: 집을 세는 단위.
지고: 어떤 물건을 등에 얹고.
고개: 산이나 언덕을 넘을 수 있게 나 있는 길.

시를 읽고, 물음에 답하여 봅시다.

달팽이의 이사

이른 아침,
달팽이가 이사 가네.
㉠집 한 채 지고 가네.

느린 달팽이가 한 고개 넘었네.
느린 달팽이가 두 고개 넘었네.
어, 해님이 벌써 서쪽으로 넘어가 버렸네.

❶ 이른 아침부터 달팽이는 무엇을 하나요?

달팽이가 ☐☐ 를 갑니다.

2 해님은 벌써 어디로 넘어갔나요?

해님은 벌써 〔　　　〕으로 넘어갔습니다.

● ● ●

동시
－ 달팽이의 이사

3 ㉠이 말하는 것은 무엇인가요? (　　　)

달팽이는 껍데기를 지고 다니는데 이것을 집 한 채를 지고 다닌다고 표현하였습니다.

핵심 문제

4 이 시를 읽은 후 떠오르는 생각으로 알맞으면 ○표, 그렇지 못하면 ✕표를 하여 봅시다.

(1) 껍데기를 이고 느릿느릿 기어가는 달팽이의 모습이 재미있는 것 같아. (　　　)

(2) 달팽이가 집을 이고 가는 것으로 보아 욕심이 많고 멍청한 것 같아.

(　　　)

● ● ●

동시
– 다섯 손가락

시의 짜임
2연 8행

글감
다섯 손가락

중심 생각
잘 웃는 화목한 우리 가족

히죽히죽 : 만족스럽게 슬쩍 자꾸 웃는 모양.

다섯 손가락

껄껄껄껄 아빠 손가락

하하호호 엄마 손가락

히히호호 누나 손가락

낄낄낄낄 내 손가락

히죽히죽 아기 손가락

㉠ 모두 잘 웃어서

㉡ 즐거운 우리는

한 집안 식구.

1 ㉠은 몇 명입니까?

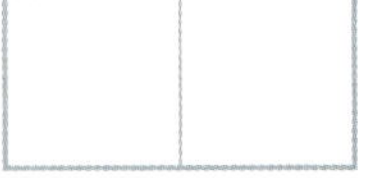

명

❷ '나'가 남자임을 알 수 있게 해 주는 낱말은 무엇인가요? (   )

① 아빠　　　　② 엄마　　　　③ 누나
④ 아기　　　　⑤ 손가락

● ● ●

동시
– 다섯 손가락

❸ ㉡의 이유는 무엇인가요? (   )

① 모두 잘 웃어서
② 손가락 놀이가 좋아서
③ 손가락 놀이를 자주 해서
④ 재미있는 만화를 보고 있어서
⑤ 가족끼리 재미있는 대화를 많이 해서

> 즐거운 우리 식구들의 모습을 웃음소리로 보여 주고 있습니다. 우리 식구는 모두 다섯명입니다. 아빠, 엄마, 누나, 나, 동생입니다. 여기서 '나'는 남자이기 때문에 '누나'가 있습니다. 만약 '나'가 여자였다면 '언니'가 있었겠지요.

❹ 식구들과 웃음소리를 바르게 연결하여 봅시다.

(1) 아빠　•　　　　　　　•　① 낄낄낄낄
(2) 엄마　•　　　　　　　•　② 껄껄껄껄
(3) 누나　•　　　　　　　•　③ 히죽히죽
(4) 나　•　　　　　　　•　④ 하하호호
(5) 아기　•　　　　　　　•　⑤ 히히호호

 글을 읽고, 물음에 답하여 봅시다.

보고 싶은 딸 채린이에게

채린아, 안녕?

몸 건강히 잘 지내고 있니? 아빠는 잘 있단다.

한국은 요즘 춥지? 여기 호주는 여름이라서 조금 덥단다.

아빠는 회사에 가서 호주 사람들과 열심히 일하고 있단다.

우리 딸 채린이를 못 본 지 벌써 한 달이 되었구나. 무척 보고 싶구나. 조금만 기다리렴.

참, 아빠가 캥거루와 코알라가 아주 예쁘게 나온 호주 엽서를 보내니 잘 간직하렴.

그럼 그때까지 건강 조심하고 엄마 말씀 잘 듣고 있어라.

11월 25일

아빠가

편지
– 보고 싶은 딸
  채린이에게

글감
딸에 대한 그리움

중심 생각
딸을 보고 싶어 하는 아빠의 마음

낱말 풀이

엽서: 한쪽 면에는 사진이나 그림이 있고, 다른 면에는 전하는 내용과 보내는 이·받는 이의 주소를 적을 수 있도록 만든 한 장으로 된 우편물.

● ● ●

편지
– 보고 싶은 딸
  채린이에게

1 채린이가 있는 곳과 아빠가 있는 곳은 어디인가요?

(1) 채린이가 있는 곳 :

(2) 아빠가 있는 곳 :

2 아빠가 딸 채린이를 못 본 지 얼마나 되었나요?

3 아빠는 채린이에게 무엇을 보낸다고 하였나요? (   )

① 돈   ② 책   ③ 인형
④ 엽서   ⑤ 게임기

아빠는 캥거루와 코알라가 아주 예쁘게 나온 호주 엽서를 보낸다고 하였습니다.

4 내용이 맞으면 ○표, 틀리면 ×표를 하여 봅시다.

(1) 아빠는 한국에 안 계십니다. (   )

(2) 아빠가 계시는 곳은 조금 춥습니다. (   )

(3) 아빠가 딸에게 보내는 편지입니다. (   )

편지
– 사랑하는 아빠께

글감
아빠의 편지

중심 생각
아빠를 보고 싶어 하는 딸 채린이의 마음

크리스마스 : 예수의 탄생을 기념하는 날, 12월 25일.

글을 읽고, 물음에 답하여 봅시다.

사랑하는 아빠께

아빠, 안녕하세요?

오늘 학교에서 돌아왔는데 아빠의 편지가 있어서 정말 기뻤어요. 아빠가 보내 주신 엽서들도 무척 예뻤어요.

오늘 쪽지 시험을 봤어요. 공부를 열심히 했는데, 시험이 좀 어려웠어요. 더 열심히 공부해야겠다고 생각했어요.

며칠 전에 아빠가 일 때문에 출장 가 계신 호주에 대한 책을 읽었어요. 우리나라와 계절이 반대라니 참 신기했어요. 특히 크리스마스가 여름인 게 이상했어요.

조금 있으면 아빠를 본다는 생각을 하니까 벌써부터 떨려요.

아빠, 그때까지 건강하세요.

11월 30일
채린이가

● ● ●
편지
– 사랑하는 아빠께

1 이 편지는 누가 누구에게 보낸 편지인지 써 봅시다.

☐☐ 이가 ☐☐ 께

2 아빠가 호주에 가신 까닭은 무엇인가요? (   )

① 공부를 하러 가셨습니다.
② 일 때문에 출장을 가셨습니다.
③ 호주 여행을 하러 가셨습니다.
④ 크리스마스 파티를 하러 가셨습니다.
⑤ 채린이에게 줄 엽서를 사러 가셨습니다.

🐢 **핵심 문제**

3 채린이는 오늘 쪽지 시험을 본 후에 무슨 생각을 했는지 써 봅시다.

더 열심히 ____________________________

채린이는 학교에서 쪽지 시험을 봤는데 시험 문제가 좀 어려웠어요. 그래서 더 열심히 공부해야겠다고 생각했어요.

 글을 읽고, 물음에 답하여 봅시다.

방귀 소동

'아, 안 돼. 참아야 해.'

쉬는 시간까지 5분만 참으면 되는데 결국 방귀가 나오고 말았습니다.

'냄새가 나면 어떻게 하지?'

그런데 아니나 다를까, 친구들이 코를 막고 말했습니다.

"이게 무슨 냄새야?"

"야! 누가 방귀 뀌었어?"

'내가 뀐 걸 알면 어떻게 하지?'

나는 모른 척하며 칠판을 뚫어져라 바라보았습니다. 그때, 뒤에 앉은 승희가 교실이 울릴 만큼 큰 소리로 말했습니다.

"유경이가 범인이야. 유경이 얼굴이 빨개졌어."

1 어디에서 일어난 일인지 맞는 것에 ○표를 하여 봅시다.

① 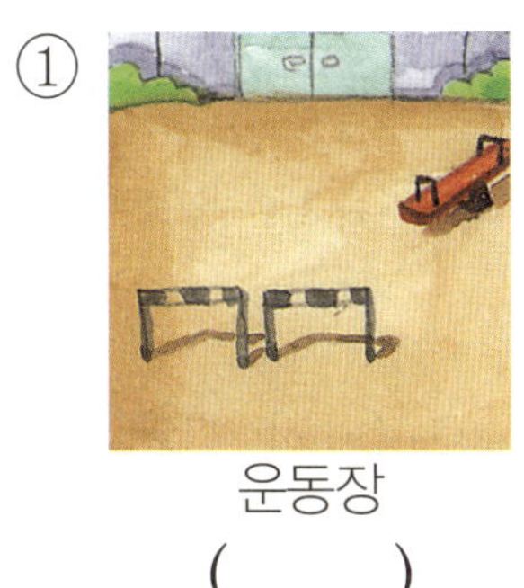

운동장

(   )

② 

교실

(   )

 핵심 문제

2 글쓴이가 방귀를 뀐 후에 한 생각은 무엇인가요? (   )

① '아, 시원해.'

② '아, 창피해.'

③ '방귀 뀌는 소리도 났나?'

④ '내가 뀐 걸 알면 어떻게 하지?'

⑤ '친구들이 물어보면 아니라고 해야지.'

서술형 문제

3 글쓴이가 방귀를 뀐 후 어떻게 하였는지 써 봅시다.

모른 척하며 ____

● ● ●

생활문

– 방귀 소동

생활문
– 방귀 소동

 글을 읽고, 물음에 답하여 봅시다.

‘어? 유경이 얼굴이 빨개졌다고? 다행이다.’
곧이어 쉬는 시간이 되었습니다.
“야! 네가 방귀 뀌었지?”
“아니야! 난 아니야.”
“방귀를 안 뀌었으면 왜 얼굴이 빨개지니?”
“방귀쟁이! 방귀쟁이! 김유경은 방귀쟁이!”
친구들은 계속 유경이를 놀려 댔습니다.
나는 유경이에게 미안한 생각이 들어서 사실을 말하려고 유경이 뒤를 따라갔습니다.
“저, 유경아. 미안해. 사실은 내가 방귀 뀌었어.”
“뭐? 너도 방귀 뀌었다고?”
“그럼, 유경이 너도?”
우리 둘은 서로의 얼굴을 쳐다보며 한참을 웃었습니다.

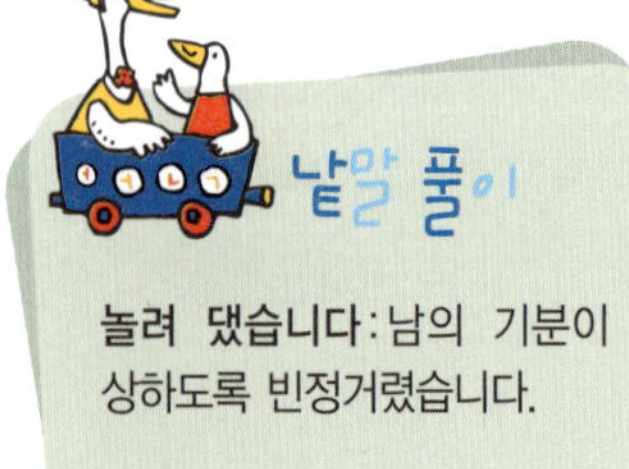

놀려 댔습니다 : 남의 기분이 상하도록 빈정거렸습니다.

④ 유경이가 방귀 뀐 범인으로 몰린 이유는 무엇인가요? (　　　)

　① 얼굴이 빨개져서

　② 유경이가 울어서

　③ 유경이가 아니라고 말해서

　④ 유경이한테 방귀 냄새가 나서

　⑤ 유경이가 평소에 방귀를 잘 뀌어서

 핵심 문제

⑤ 글쓴이는 친구들이 유경이를 놀려 대는 것을 보고 유경이에게 어떤 생각이 들었나요?

			생각

⑥ 내용이 맞으면 ○표, 틀리면 ×표를 하여 봅시다.

　(1) 방귀를 뀐 사람은 글쓴이와 유경이입니다. (　　　)

　(2) 친구들은 글쓴이와 유경이를 '방귀쟁이' 라고 계속 놀려 댔습니다.

　　　　　　　　　　　　　　　　　　　　　　(　　　)

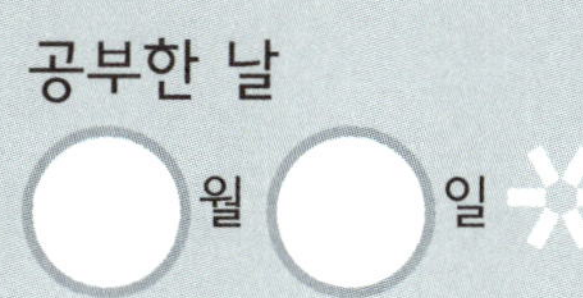

● ● ●

생활문
− 방귀 소동

글쓴이는 유경이가 범인으로 몰리는 것 같아 미안한 생각이 들어 사실을 말하려고 뒤를 따라갔습니다.

숲의 요정 ④

글 · 그림 임난영

슬픔에 잠긴 에코는 점점 야위더니
형체는 없어지고 목소리만 남았습니다.
샤
라
라
락.
지금도 우리들이 산에 가서 큰 소리로 외
치면 에코의 메아리를 들을 수 있습니다.
야호
야호…
야호… 야호… 야호…

문법

기본문 4

기본이 되는 문장(기본문)에는 '무엇이 어찌하다', '무엇이 어떠하다', '무엇이 무엇이다', '무엇이 무엇을 어찌하다' 의 형태가 있습니다.

예 언니가 + 책을 + 읽는다 → 언니가 책을 읽는다.
　　무엇이　　무엇을　　어찌하다　　　　무엇이 무엇을 어찌하다

예 는 '무엇이 무엇을 어찌하다' 로 이루어진 문장입니다. 예 에서 '언니가' 는 '무엇이', '책을' 은 '무엇을', '읽는다' 는 '어찌하다' 에 해당하는 말입니다. 이때 '무엇을' 은 '어찌하다' 의 대상이 되는 말입니다.

1 그림에 알맞은 말을 찾아 이어 봅시다.

(1)

　　　　　　　　　　　　　　· ① 밥을 먹는다.

(2)

　　　　　　　　　　　　　　· ② 잠을 잔다.

2 **보기** 와 같이 '무엇이' 에 해당하는 말을 찾아 써 봅시다.

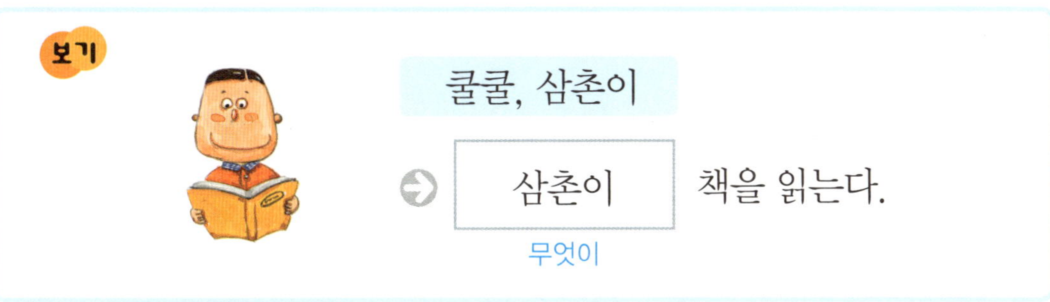

보기

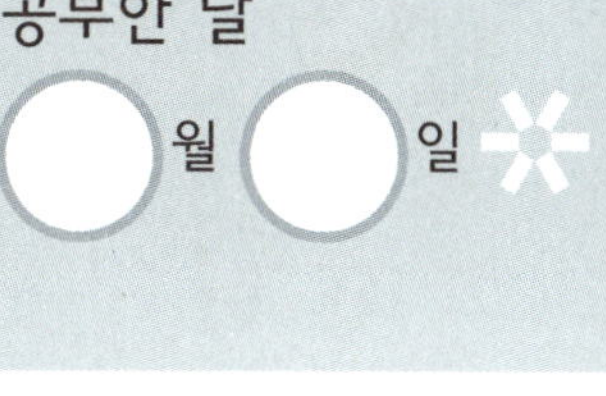

쿨쿨, 삼촌이

→ [삼촌이] 책을 읽는다.
무엇이

(1) 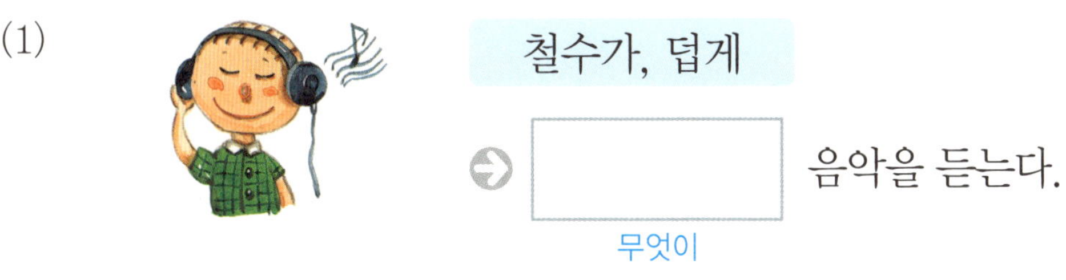

철수가, 덥게

→ [   ] 음악을 듣는다.
무엇이

(2) 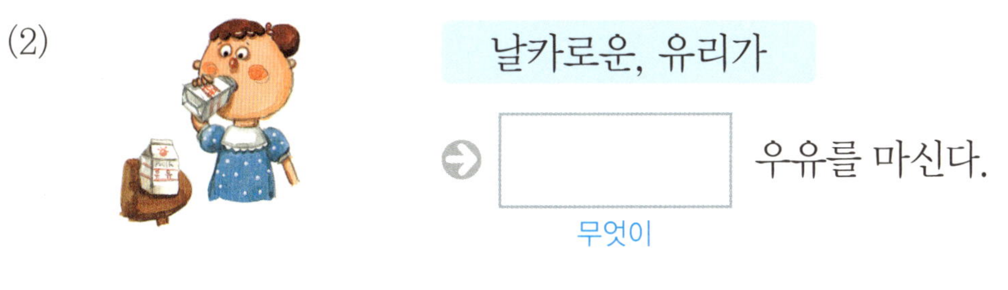

날카로운, 유리가

→ [   ] 우유를 마신다.
무엇이

(3) 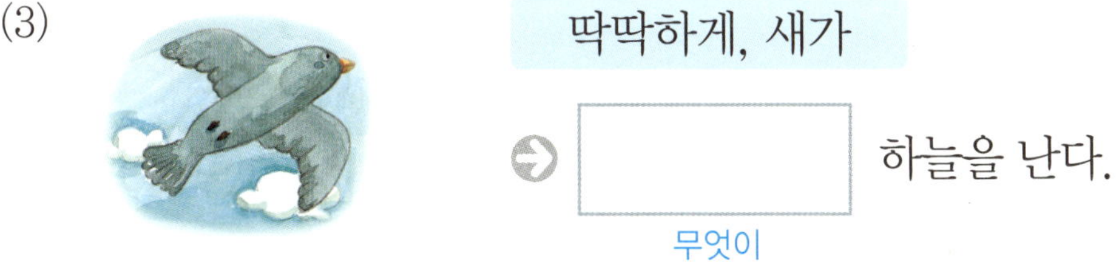

딱딱하게, 새가

→ [   ] 하늘을 난다.
무엇이

(4) 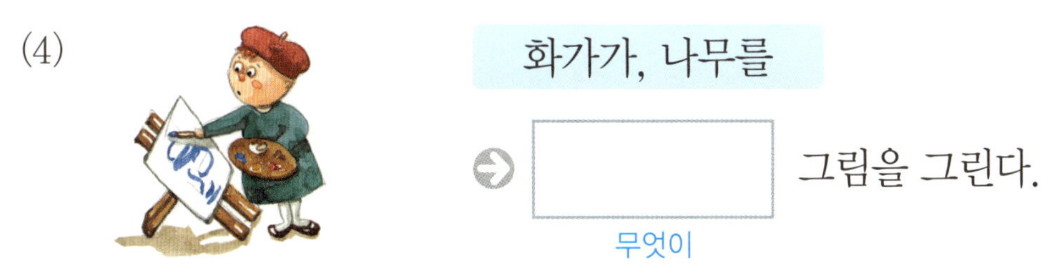

화가가, 나무를

→ [   ] 그림을 그린다.
무엇이

③ 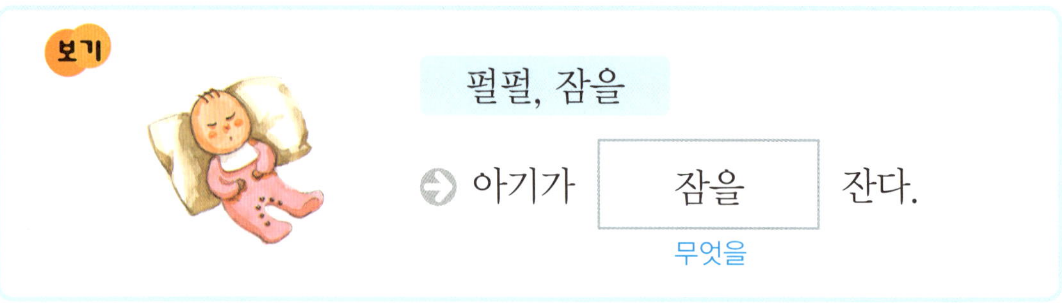 와 같이 '무엇을' 에 해당하는 말을 찾아 써 봅시다.

> **보기**
>
> 펄펄, 잠을
>
> ➡ 아기가 [잠을] 잔다.
> 무엇을

(1)

뚱뚱하게, 피아노를

➡ 지영이가 [   ] 친다.
무엇을

(2)

모자가, 모자를

➡ 어머니께서 [   ] 쓰신다.
무엇을

(3)

노래가, 노래를

➡ 민호가 [   ] 부른다.
무엇을

(4)

파랗게, 자전거를

➡ 할아버지께서 [   ] 타신다.
무엇을

4 **보기** 와 같이 '어찌하다'에 해당하는 말을 찾아 써 봅시다.

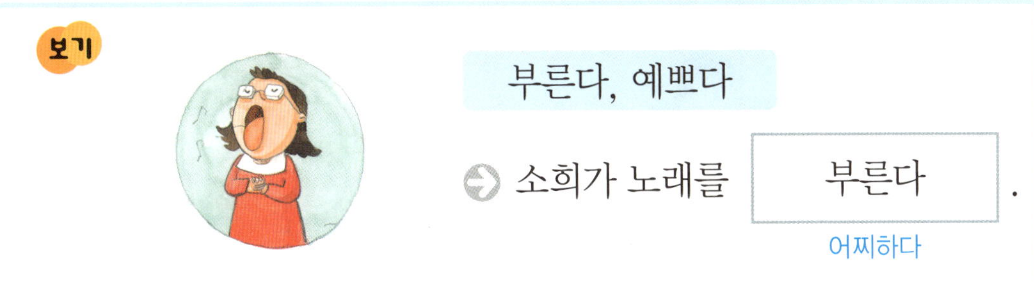

보기

부른다, 예쁘다

➡ 소희가 노래를 [부른다] .
　어찌하다

(1)

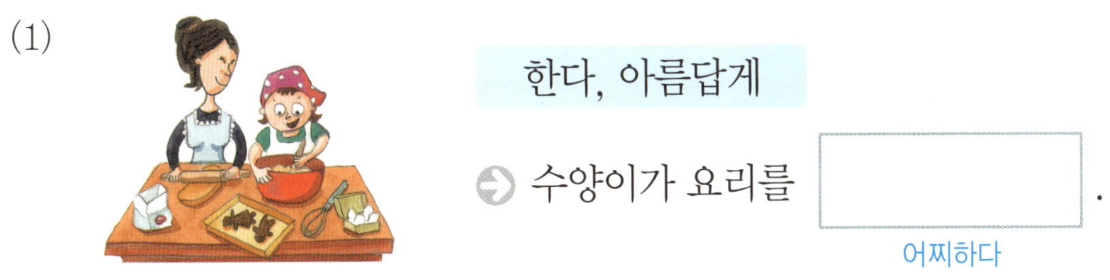

한다, 아름답게

➡ 수양이가 요리를 [　] .
　어찌하다

(2)

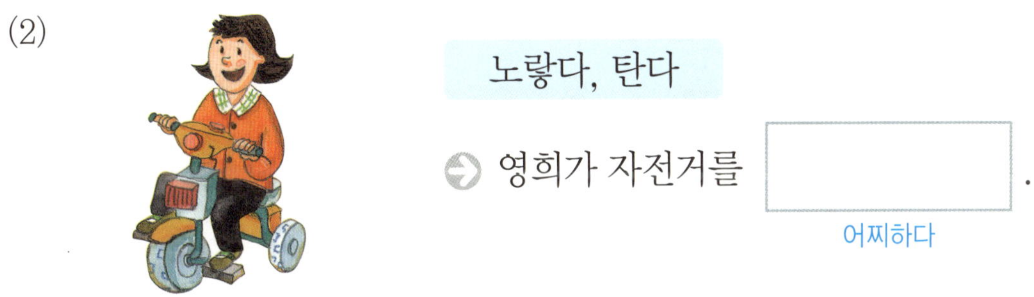

노랗다, 탄다

➡ 영희가 자전거를 [　] .
　어찌하다

(3)

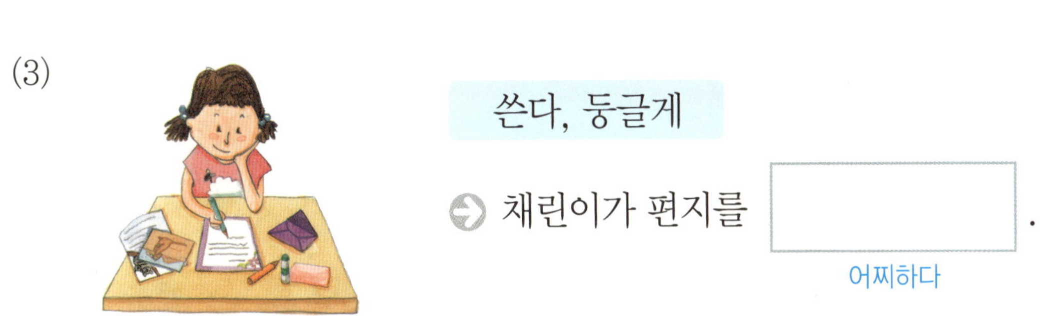

쓴다, 둥글게

➡ 채린이가 편지를 [　] .
　어찌하다

● ● ●

기본문 4

5 **보기** 와 같이 그림을 보고, 빈칸을 채워 봅시다.

보기

아빠가 [나무를] 심는다.
무엇을

(1) 

참새가 [ ] 잡는다.
무엇을

(2) 

[ ] 물장구를 친다.
무엇이

'무엇이 무엇을 어찌하다'
의 형태로 이루어진 기본
문장이에요. 그림을 보고
빠진 말을 찾아보세요.

(3) 미나가 마당을 [ ] .
어찌하다

6 [보기] 와 같이 '무엇이 무엇을 어찌하다' 의 문장을 완성하여 봅시다.

> [보기]
>
> 사자가, 잔다, 잠을, 예쁘다
>
> ➡ | 사자가 | 잠을 | 잔다 | .
>   무엇이   무엇을   어찌하다

(1) 신발을, 신는다, 아기가, 노랗다

➡ [ ] [ ] [ ] .
무엇이   무엇을   어찌하다

(2) 어린이가, 씻는다, 손을, 곱게

➡ [ ] [ ] [ ] .
무엇이   무엇을   어찌하다

(3) 농부가, 간다, 밭을, 멀리

➡ [ ] [ ] [ ] .
무엇이   무엇을   어찌하다

쓰기

소개하는 글 쓰기 1

'소개하는 글'이란 다른 사람에게 자기가 잘 알고 있는 것을 알리는 글입니다. 자기가 잘 알고 있는 사람이나 동물, 식물, 사물 등 무엇이라도 소개할 수 있습니다.

소개하는 글을 쓸 때에는 소개하고자 하는 대상의 특징을 잘 파악하는 것이 중요합니다.

예

나의 소개

나는 하늘초등학교 1학년 고은아입니다. 나는 20XX년 9월 19일에 태어났습니다. 그래서 '9'라는 숫자를 특별히 좋아합니다. 내가 좋아하는 것은 책 읽기와 인형 놀이입니다. 또 잘하는 것은 피구와 컴퓨터 게임입니다. 나는 잘 토라지지만 또 잘 풀리는 성격입니다.

새로 만난 친구들과 선생님께 나를 잘 알리고 싶지요? 나를 잘 알리려면 '나는 어떤 사람일까?' 곰곰이 생각해 보아야 해요.

● ● ● ●

소개하는 글 쓰기 1

1 나는 어떤 사람일까요? 나에 대해 생각해 본 다음, 동그라미 안에 내용을 써 봅시다.

(1) 나이, 이름

(2) 좋아하는 것

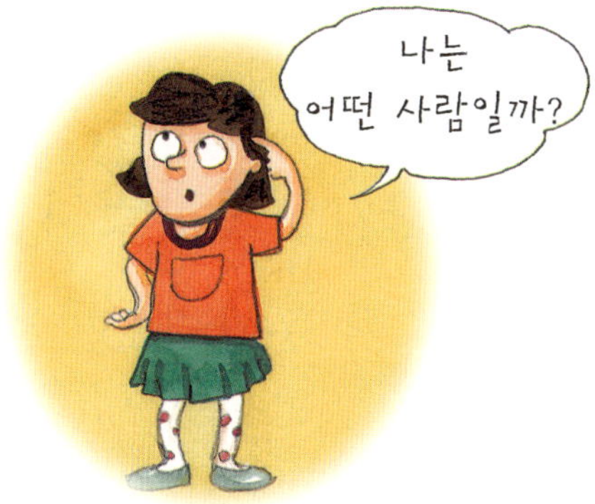

(3) 잘하는 것

(5) 장래 희망

(4) 보물 1호

● ● ●

소개하는 글 쓰기 1

소개하는 글을 쓸 때 이름과 나이, 학교, 학년, 반, 가장 좋아하는 것, 가장 잘하는 것, 나의 보물 1호, 성격, 꿈 등을 쓰면 좋습니다.

❷ **보기** 와 같이 주어진 내용을 바탕으로 나를 소개하는 글을 써 봅시다.

보기

이름, 나이	박수양, 여덟 살
학교, 학년, 반	가을초등학교 1학년 1반
가장 좋아하는 것	엄마랑 요리하기
가장 잘하는 것	심부름하기
보물 1호	엄마, 아빠
성격	잘 웃는 편이고, 배우기를 좋아함.
꿈	훌륭한 선생님

나의 소개

　나는 가을초등학교 1학년 1반 박수양입니다. 내가 가장 좋아하는 것은 엄마랑 요리하기입니다. 또 가장 잘하는 것은 심부름하기입니다. 내가 가장 아끼는 보물 1호는 엄마, 아빠입니다. 나의 성격은 잘 웃는 편이고 뭐든지 배우기를 좋아합니다. 나는 커서 엄마, 아빠처럼 훌륭한 선생님이 되고 싶습니다.

이름, 나이	유진수, 여덟 살
학교, 학년, 반	여름초등학교 1학년 3반
가장 좋아하는 것	태권도
가장 잘하는 것	태권도
보물 1호	나
성격	좋아하는 것을 열심히 함.
꿈	태권도 선수

나의 소개

소개하는 글 쓰기 1

❸ 나의 친한 친구를 떠올려 보고, 내 친구를 소개하는 문장을 만들어 봅시다.

이름 : 박소현

생김새 : 동그란 얼굴, 작지만 예쁜 눈

성격 : 친구들을 잘 도와줌.

잘하는 것 : 발레

나의 단짝 친구의 이름은 박소현입니다.

② 성격은 ____________

____

____

① 생김새는

____

____

____

③ 잘하는 것은 ____________

____

4 보기 와 같이 '나의 단짝 친구'를 소개하는 글을 써 봅시다.

● ● ●

소개하는 글 쓰기 1

보기

나의 단짝 친구 김태현

나의 단짝 친구의 이름은 김태현입니다. 태현이는 뚱뚱하고 키가 작습니다. 태현이가 잘하는 것은 수영입니다. 태현이는 이다음에 커서 수영을 가르치는 선생님이 되고 싶어 합니다. 태현이는 내가 장난을 쳐도 웃어 넘길 줄 아는 마음이 넓은 친구입니다. 그래서 저는 태현이가 참 좋습니다.

나의 단짝 친구 ___________

____

____

____

____

____

____

____

친구를 소개하는 글을 쓸 때에는 그 친구의 좋은 점, 칭찬하고 싶은 점을 떠올려 보세요.

숨은그림찾기

숨은그림 : 빗 가지 달팽이 은행잎 호루라기

성취도 테스트

기탄국어 E1집 4호

이름	날짜	점수
	월 일	

4호 표지의 QR을 이용해 음성 녹음을 듣고 문제를 풀어 보세요.

🥄 이야기를 듣고, 물음에 답하여 봅시다. (01)

01 시냇물이 어떻게 흐르는지 써 봅시다.

🥄 시를 읽고, 물음에 답하여 봅시다. (02~05)

> **가** 이른 아침,
> 달팽이가 이사 가네.
> 집 한 채 지고 가네.
>
> 느린 달팽이가 한 고개 넘었네.
> 느린 달팽이가 두 고개 넘었네.
> 어, 해님이 벌써 서쪽으로 넘어가 버렸네.

> **나** 껄껄껄껄 아빠 손가락
> 하하호호 엄마 손가락
> 히히호호 누나 손가락
> 낄낄낄낄 내 손가락
> 히죽히죽 아기 손가락
>
> 모두 잘 웃어서
> 즐거운 우리는
> 한 집안 식구.

02 빈칸에 알맞은 말을 써 봅시다.

달팽이는 이른 ☐☐ 부터 이사를 갑니다.

03 **가** 에 나온 말 중 집을 세는 말은 무엇인가요?

( )

① 채   ② 고개   ③ 해님
④ 서쪽   ⑤ 아침

04 **나** 에서 우리 가족은 누구누구인지 나머지를 써 봅시다.

아빠, 엄마, ________________________

05 **나** 에서 우리 식구는 모두 잘 웃어서 어떻다고 했나요? ( )

① 아픕니다.   ② 슬픕니다.
③ 즐겁습니다.   ④ 괴롭습니다.
⑤ 복잡합니다.

가 보고 싶은 딸 채린이에게

　채린아, 안녕?
　몸 건강히 잘 지내고 있니? 아빠는 잘 있단다.
　한국은 요즘 춥지? 여기 호주는 여름이라서 조금 덥단다.
　아빠는 회사에 가서 호주 사람들과 열심히 일하고 있단다.
　우리 딸 채린이를 못 본 지 벌써 한 달이 되었구나. 무척 보고 싶구나. 조금만 기다리렴.
　참, 아빠가 캥거루와 코알라가 아주 예쁘게 나온 호주 엽서를 보내니 잘 간직하렴.
　그럼 그때까지 건강 조심하고 엄마 말씀 잘 듣고 있어라.

11월 25일
아빠가

나 사랑하는 아빠께

　아빠, 안녕하세요?
　오늘 학교에서 돌아왔는데 아빠의 편지가 있어서 정말 기뻤어요. 아빠가 보내 주신 엽서들도 무척 예뻤어요.
　오늘 쪽지 시험을 봤어요. 공부를 열심히 했는데, 시험이 좀 어려웠어요. 더 열심히 공부해야겠다고 생각했어요.
　며칠 전에 아빠가 일 때문에 출장 가 계신 호주에 대한 책을 읽었어요. 우리나라와 계절이 반대라니 참 신기했어요. 특히 크리스마스가 여름인 게 이상했어요.
　조금 있으면 아빠를 본다는 생각을 하니까 벌써부터 떨려요.
　아빠, 그때까지 건강하세요.

11월 30일
채린이가

06 **가**와 **나**는 누구와 누가 주고받은 편지인가요?

　　□□ 와 □□ 이

07 **나**에서 채린이는 오늘 무슨 시험을 봤나요?

　　□□ 시험

08 **나**에서 채린이는 아빠를 본다는 생각을 하니까 어떠했나요? (　　)

① 떨렸습니다.
② 슬펐습니다.
③ 무서웠습니다.
④ 불쾌했습니다.
⑤ 재미있었습니다.

09 '무엇이 무엇을 어찌하다'의 문장입니다. '어찌하다'에 알맞은 말은 어느 것인가요? (　　)

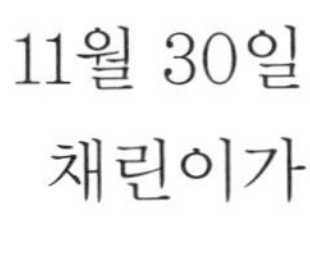

① 작다　　　　② 걸린다
③ 책이다　　　④ 읽는다
⑤ 아름답게

10 '무엇이 무엇을 어찌하다'의 문장이 되도록 '무엇을'에 알맞은 말을 찾아 ○표를 하여 봅시다.

아버지께서 (주스를, 통통하게) 마신다.

E1집 커리큘럼에 따라 학습이 이루어지며, 각 호 교재의 학습이 끝나면 성취도 테스트를 실시합니다. 성취도 테스트는 각 호별 학습을 마치고 학습 능력을 확인 점검하는 평가입니다.

어머니께서는 아이가 즐거운 마음으로 자신 있게 테스트할 수 있도록 유도해 주시고, 우수한 테스트 결과가 나오면 칭찬하여 주십시오. 영역별 학습 결과에 따라 부족한 부분은 다시 한번 복습하여 주십시오.

학습자의 성취도를 높이고, 다음 학습의 동기를 부여하는 데 테스트의 목적이 있습니다.

기탄국어 E1집 커리큘럼

영역	1호	2호	3호	4호
듣기 · 말하기	발음에 주의하여 듣고 말하기(ㅏ, ㅣ, ㅗ, ㅜ)	흉내 내는 말 듣고 느낌 말하기 1	흉내 내는 말 듣고 느낌 말하기 2	흉내 내는 말 듣고 느낌 말하기 3
읽기	동시, 일기, 창작 동화	동시, 생활문, 일기, 창작 동화	생활문, 전래 동화	동시, 편지, 생활문
연재만화	그리스 신화 – 숲의 요정1	그리스 신화 – 숲의 요정 2	그리스 신화 – 숲의 요정 3	그리스 신화 – 숲의 요정 4
문법	기본문 1	기본문 2	기본문 3	기본문 4
쓰기	연상 1	연상 2	연상 3	소개하는 글 쓰기 1
쉬어가기	길 찾기	열두 고개	브레인 퀴즈	숨은그림찾기

기탄국어 E1집 4호 성취도 테스트 관리표

문항 수 (10)	영역	학습 평가 기준(정답 수 기준)						
		정답 수	가 군	정답 수	나 군	정답 수	다 군
1	듣기 · 말하기	1	· 학습 성취도가 매우 높습니다.	0	· 현재 잘하고 있으니 더욱 잘할 수 있도록 격려하여 주십시오.	0	· 학습 성취도가 낮은 편입니다.
7	읽기	6~7	· 뛰어난 실력이므로 칭찬을 많이 하여 주십시오.	3~5	· 틀린 부분을 확인한 후 다음 교재를 시작하십시오.	0~2	· 자신감을 잃지 않도록 격려하여 주십시오.
2	문법	2	· 다음 교재를 바로 시작하십시오.	1		0	· 현재 교재를 복습하여 주십시오.

펴낸이 : 정지향
펴낸곳 : (주)기탄교육
기획·편집·디자인 : 기탄교육연구소
주소 : 06698 서울특별시 서초구 효령로 40 기탄출판센터
등록 : 제2000-000098호
전화 : (02)586-1007
팩스 : (02)586-2337

※서점에 갈 시간이 없거나 구하기 어려운 분은 인터넷 또는 전화로 신청하세요. 즉시 우송해 드립니다.
www.gitan.co.kr

펴낸이 정지향 | **펴낸곳** (주)기탄교육 | **기획 · 편집 · 디자인** 기탄교육연구소 | **원고 집필** 이희옥 오미나 김태희 이정우 이정희 김주영 박창균 왕입분 차은선 김수진 이은경

디자인 진행 O2Design | **표지 디자인** Sogood | **캐릭터 디자인** 박수지 | **일러스트** 이수연 임난영 | **성우** 지미애 양정화 | **녹음** (주)덕윤

주소 06698 서울특별시 서초구 효령로 40 기탄출판센터 | **전화** (02) 586-1007 | **팩스** (02) 586-2337

정답 및 해설

- E단계 1집 (1a~68a)
- 성취도 테스트

E 단계
1a-68a

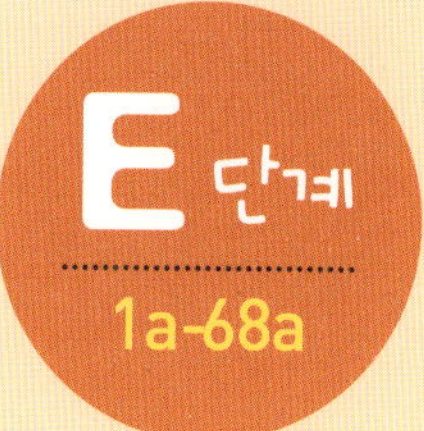

E1집 1호 2a~17a

듣기 • 말하기
2a

1. ④   2. ③

해설 ●●

1. ① '거미'에는 〈ㅓ〉와 〈ㅣ〉 소리가, ② '포도'에는 〈ㅗ〉 소리가, ③ '사자'에는 〈ㅏ〉 소리가, ⑤ '나무'에는 〈ㅏ〉와 〈ㅜ〉 소리가 들어 있습니다.
2. '토끼'에는 〈ㅗ〉와 〈ㅣ〉 소리가, '모자'에는 〈ㅗ〉와 〈ㅏ〉 소리가 들어 있습니다. 따라서 모두 들어 있는 소리는 〈ㅗ〉 소리입니다.

2b

1. ③   2. 나비 (○), 팔랑팔랑 (×)   3. 오후

해설 ●●

1. 사자는 나무 아래에서 드르렁드르렁 코를 골며 잠을 잔다고 하였습니다.
2. '나비'는 [나비]라고 바르게 발음하였지만, '팔랑팔랑'은 [필랑필랑]이라고 잘못 발음하였습니다.
3. 이야기의 끝부분에 '어느 봄날의 오후'라고 하였습니다. 〈ㅗ〉, 〈ㅜ〉 소리에 주의하여 들어 봅니다.

듣 기 대 본

하늘에는 하얀 구름이 떠갑니다.
파란 싹이 트고 노랑, 빨강 예쁜 꽃이 피어 있습니다.
나비 한 마리가 팔랑팔랑 날아갑니다.
풀잎 사이에는 거미가 거미줄로 튼튼한 집을 만듭니다.
나무 아래서는 사자가 드르렁드르렁 코를 골며 잠을 자는 어느 봄날의 오후입니다.

읽기
3a~3b

1. 병아리   2. ②   3. 옷   4. ⑤

해설 ●●

1. 노란 병아리를 글감으로 하여 쓴 시로, 노란 털옷을 입은 것은 병아리를 가리킵니다. 노란 병아리의 색깔이 주는 귀엽고 따뜻한 느낌을 표현하였습니다.
2. 이 시는 노란 털을 가진 병아리를 보고 지은 것이므로, 시 전체에 '노란색'이 가장 두드러지게 나타납니다.
3. 병아리 엄마가 무엇을 하였는지 **나**의 내용을 살펴봅니다. 이 시에 나오는 병아리 엄마(암탉)는 병아리들이 파란 풀밭에 나가 놀 때 눈에 잘 띄라고 노란 옷을 지어서 입혔습니다.
4. 이 시의 **다**에 나타나 있습니다. **다**의 '파란 풀밭에 나가 놀 때 / 엄마 눈에 잘 띄라고'가 그 이유입니다.

1. 참나무   2. ⑤   3. ④   4. 묵을 만들어 먹으려고   5. ③   6. (1) ×   (2) ○   (3) ○   7. 땅, 엄마

해설 ●●

1. 이사를 온 후 강이와 아빠는 날마다 참나무 숲에서 산책을 한다고 하였습니다.

2. 아빠는 다리가 불편한 강이를 안아 주고 싶었지만, 아빠가 언제까지나 강이를 안고 다닐 수 없다고 생각하여 위태로워 안아 주고 싶어도 강이가 혼자서 걸을 수 있도록 꾹 참았습니다.

3. 강이와 아빠와 함께 간 참나무 숲에서 낯선 사람들이 도토리를 줍고 있었습니다.

4. 사람들은 도토리를 가져다 시장에 팔거나 묵을 만들어 먹기 위해서 도토리를 주우러 온 것입니다. 이 글의 마지막 부분에 나타나 있습니다.

5. 강이는 사람들이 도토리를 모두 주워 가면 다람쥐들이 먹을 것이 없을까 봐 걱정을 하였습니다.

6. 다람쥐를 걱정하는 것으로 보아, 강이는 동물을 사랑하는 아이입니다. 강이는 한쪽 다리가 짧아 기우뚱거리며 걷습니다.

7. 강이는 자기가 엄마 배에서 나왔듯이 나무나 풀이나 꽃이 땅에서 나오니 땅은 엄마라고 생각하였습니다. 글쓴이는 강이의 말을 통해 사람도 땅을 엄마처럼 여기고 고맙게 생각해야 한다는 뜻을 전하고 있습니다.

1. 제삿날   2. ④   3. ①, ③   4. 장바구니가 무거워서(장바구니가 무거웠기 때문에)

해설 ●●

1. 내일이 할아버지의 제삿날이라고 글의 앞부분에서 밝혔습니다. 그래서 어머니와 글쓴이는 시장에 가서 여러 가지 음식을 샀다고 했습니다.

2. 이 글에 나온 '이불'은 산 물건이 아니라 집에 있던 물건입니다.

3. 글쓴이가 일기를 쓴 날은 2월 5일로, 2월은 겨울에 속하는 달입니다. '시리다' 라는 말은 몸속에서 찬 기운을 느낀다는 것으로, 그만큼 밖의 날씨가 춥다는 뜻이므로 계절이 겨울이라는 것을 알 수 있습니다.

4. 제사에 쓸 물건을 사느라 장바구니가 무거워졌습니다. 그래서 무거움을 덜기 위해 글쓴이와 어머니는 장바구니의 손잡이를 하나씩 나누어 든 것입니다.

1. 형   2. 축구 선수   3. (1) ② (2) ①   4. ①   5. 친구들, 축구   6. ⑤   7. 승빈   8. 빨간불, 횡단보도   9. (1) ③ (2) ① (3) ④ (4) ②   10. 아버지   11. 축구 선수, 용감한 아이

1. 승빈이는 키도 크고, 용감하고, 축구 선수인 형을 부러워하였습니다.

2. 승빈이는 형처럼 멋진 축구 선수가 되는 것을 가장 바라고 있습니다.

3. 승빈이는 형처럼 멋진 축구 선수가 되었으면 하지만 형은 승빈이가 축구 선수를 하기에 키도 작고 겁도 많다고 하였습니다. 그러나 승빈이는 자기 반 친구 종인이와 규석이는 키도 크고 겁도 없지만 축구를 잘 못한다고 하면서 축구를 잘하려면 키가 크고 겁이 없어야 하는 것이 아니라 얼마나 빠르냐가 중요하다고 하였습니다.

4. 승빈이가 형의 생각이 틀리다고 생각한 것은 자기 반 친구인 종인이와 규석이는 키도 크고 겁도 없지만 축구를 못하기 때문입니다. 따라서 승빈이가 한 '축구 잘하게?' 라는 말에는 '축구를 잘 못한다.' 는 뜻을 담고 있습니다.

5. 글의 앞부분을 통해 승빈이가 토요일 오후에 친구들과 축구를 하였음을 알 수 있습니다.

6. ①~④는 이 글에 나타나 있지 않은 내용입니다. ⑤ 승빈이는 축구를 끝내고 돌아오는 길에 큰길 횡단보도에서 신호가 바뀌기를 기다리던 어린 아이가 장난을 치다가 들고 있던 공을 놓친 것을 보게 됩니다.

7. 다음에 이어지는 문장 '발이 빠른 승빈이었습니다.' 를 통해 알 수 있습니다.

8. 사람들이 놀란 것은 빨간불이 켜져 차들이 달리는 횡단보도로 아이가 공을 주우러 뛰어드는 위험한 상황을 보았기 때문입니다.

9. 승빈이는 아이를 안고 돌아오는 길에 오토바이와 부딪혀 기절을 하였고, 이 상황을 본 주위 사람들이 구급차를 불렀고 병원에서 다친 곳을 치료받을 수 있었습니다. 그 후에 승빈이의 아버지께서 병원으로 오셨습니다.

10. 승빈이의 일을 알고 달려오신 아버지가 승빈이를 자랑스러운 듯이 바라보시면서 하신 말씀을 듣고, 눈을 감고 누워 있던 승빈이가 아버지가 오신 것을 알게 됩니다.

11. 승빈이를 용감한 아이라고 칭찬하는 의사 선생님의 말에 승빈이의 아버지는 '우리 승빈이는 훌륭한 축구 선수가 될 만큼 달리기도 잘하는 용감한 아이' 라고 말씀하셨습니다.

문법	11a~13b

1. (1) ② (2) ①　　2. (1) 시냇물이 (2) 아기가 (3) 매미가 (4) 깃발이　　3. (1) 기어간다 (2) 헤엄친다 (3) 날아간다 (4) 녹는다　　4. (1) 바람이 (2) 팽이가 (3) 소방차가 (4) 달팽이가　　5. (1) 핀다 (2) 뜬다 (3) 친다 (4) 자란다　　6. (1) 새가 (2) 토끼가 (3) 날아간다 (4) 기어간다 (5) 예 나뭇잎이 떨어진다.

1. (1), (2)에서 각각 ‘자동차가’, ‘눈이’는 ‘무엇이’에 해당하는 말이고, 그에 대한 ‘어찌하다’에 해당하는 말은 각각 ‘달린다’, ‘내린다’입니다.

2. 각 그림을 보고 움직임을 나타내는 말 ‘어찌하다’의 주체가 되는 ‘무엇이’를 살펴봅니다. 즉, ‘무엇이’ 움직이고 있는지를 생각해 봅니다.

3. ‘어찌하다’는 움직임을 나타내는 말입니다. 그림을 보고 각각의 대상 ‘무엇이’의 움직임을 생각해 봅니다. ‘꿈틀꿈틀, 혼자서, 높이, 차갑게’는 뒤에 오는 말을 꾸며 주는 말입니다.

4. 움직임의 주체가 되는 ‘무엇이’에 해당하는 말을 찾아봅니다. ‘분다, 돈다, 달려간다, 기어간다’는 그 앞에 ‘무엇을’에 해당하는 말이 오지 않습니다.

5. 어떤 대상의 상태나 성질이 아닌 움직임을 나타내는 말을 찾아봅니다. ‘식물이다, 별이다’는 ‘무엇이다’에 해당하는 말이고, ‘높다, 크다’는 성질이나 상태를 나타내는 말입니다.

6. (1), (2)는 그림을 보고 ‘무엇이’에 해당하는 말을 씁니다. (3), (4)는 ‘나비’와 ‘거북’의 움직임을 나타내는 말을 생각해 봅니다. (5)는 그림에 제시된 대상을 ‘무엇이’로, 그 대상의 움직임을 ‘어찌하다’로 하여 ‘무엇이 어찌하다’의 문장을 만들어 써 봅니다.

쓰기 14a~16b

1. 예 (1) 연필깎이, 필통, 글씨 등 (2) 색종이, 오리기, 손 등 (3) 물감, 크레파스, 미술 시간 등 2. 예 (1) 책, 연필, 책받침, 지우개 등 (2) 우리나라, 애국가, 월드컵 축구 대회, 만세 등 3. 예 (1) 개나리, 꽃밭, 나비, 벌, 따뜻하다, 울타리 등 (2) 파도, 수영, 모래성, 바닷가, 튜브, 방학(휴가), 물장구, 수영복 등 (3) 낙엽, 갈색, 나무, 쓸쓸하다, 단풍, 등산, 독서(책 읽기), 잠자리, 울긋불긋 등 (4) 눈, 썰매, 스키, 스케이트, 장갑, 얼음, 고드름, 춥다, 겨울잠, 크리스마스 등 4. 예 (1) 따르릉, 수화기, 전화번호, 말(이야기), 휴대 전화, 114, 119 등 (2) 게임, 인터넷, 숙제, 마우스, 홈페이지, 전자 우편, 채팅, 키보드, 모니터, CD(시디), 인터넷 쇼핑, 아바타 등 (3) 방송국, 드라마, 만화 영화, 채널, 탤런트, 가수, 개그맨, 뉴스, 스타, 방청객, 마이크, 리모컨, 아나운서 등 5. 예 (1) 사랑, 우체통, 위험, 태양, 따뜻하다, 불, 소방서, 소방차, 딸기 등 (2) 하늘, 차갑다, 얼음, 수영장, 청바지, 바람, 파도, 파랑새 등 (3) 어린아이, 개나리, 달걀 노른자, 유치원, 귀엽다, 레몬, 국화, 노랑나비, 삐악삐악 등 (4) 새싹, 오이, 피망, 고추, 나뭇잎, 풀, 식물, 숲, 자연, 싱싱하다, 신호등, 시원하다, 수술복 등 (6) 숯, 동굴, 어둡다, 깜깜하다, 무섭다, 지옥, 연탄, 구두 등

---

1. 학교 공부에 필요한 물건들을 보고 떠오르는 말을 써 보는 문제입니다. 주어진 물건들이 언제, 어디에서 쓰이는지, 또한 그것과 짝을 이루는 것은 무엇인지를 생각해 보면 쉽게 연상할 수 있습니다.

2. 자유롭게 생각을 떠올려 보되, 가능한 비슷한 낱말이 반복되지 않도록 주의하여 씁니다.

3. 그림을 보고, 관계있는 말들을 떠올려 보는 문제입니다. 따라서 그림에 나타나 있는 모습에만 생각이 머물지 않도록 폭넓게 생각해 봅니다.

4. 우리 주변에서 쉽게 볼 수 있는 사물들을 통해 생각을 넓혀 가는 문제입니다. 사물의 쓰임새, 모양, 소리는 물론 그 사물에 속하는 각 부분의 이름, 그 사물과 짝을 이루는 것, 그 사물을 사용했던 경험 등 다양하게 생각해 봅니다. 연상의 방법에는 그림을 보고 생각하거나 낱말을 보고 떠오르는 장면에 맞는 말을 생각할 수 있습니다. 이때, 생각하는 사람마다 떠오르는 말이 서로 다를 수 있습니다.

5. 색은 각각의 독특한 느낌을 가지고 있습니다. 그로 인해서 어떤 뜻을 상징하기도 하고 그와 관련된 사물에 주로 사용되기도 합니다. 각각의 색에서 어떤 느낌을 받았는지, 또 그 색을 볼 수 있는 장소나 사물에는 무엇이 있는지 생각해 보면 좀 더 다양한 말들을 떠올릴 수 있습니다. 한 가지 색에 저마다 다른 느낌을 받기도 하지만 위험을 알리는 색, 주의를 주는 색, 마음의 안정을 주는 색 등 일반적으로 공통적인 느낌을 주는 색도 있습니다.

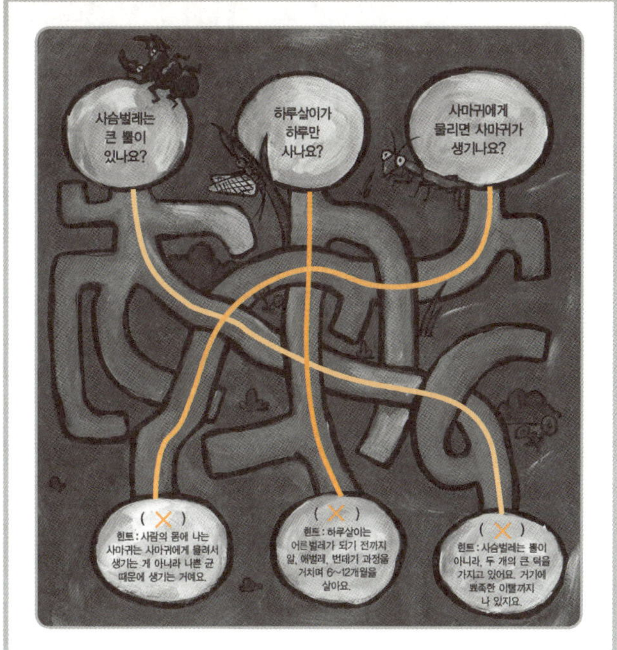

E1집 2호 19a~34a

1. 복슬   2. 멍멍멍   3. ③

해설 ●●

1. 노래 맨 앞부분에서 '우리 집 강아지는 복슬 강아지'라고 하였습니다.
2. '멍멍멍'은 강아지가 짖는 소리를 흉내 내는 말입니다.
3. '꼬리 치며 반갑다고 멍멍멍'이라는 부분을 통해 알 수 있습니다.

듣 기 대 본

우리 집 강아지는 복슬 강아지
학교 갔다 돌아오면 멍멍멍
꼬리 치며 반갑다고 멍멍멍

1. 낮잠   2. ②   3. ⑤

해설 ●●

1. 여우는 나무 밑에서 낮잠을 쿨쿨 자다가 부러진 나뭇가지가 머리에 떨어지자 깜짝 놀라 소리를 질렀습니다.

2. 그 밖에 이야기에 나오는 여러 가지 흉내 내는 말의 뜻을 알아봅니다.

3. 이야기에서 흉내 내는 말을 사용하면 장면을 자세하고 실감 나게 그리고 생생하게 나타낼 수 있을 뿐만 아니라, 장면을 재미있게 나타낼 수 있습니다.

듣 기 대 본

여우가 나무 밑에서 낮잠을 쿨쿨 자고 있었습니다.

그때 마침 세찬 바람이 휙 부는 바람에 나뭇가지 하나가 뚝 부러졌습니다. 나뭇가지는 그만 자고 있는 여우의 머리 위에 떨어졌습니다.

"으악!"

여우는 깜짝 놀라 정신없이 달아났습니다.

여우는 한참 달아나서 겨우 한숨을 돌렸습니다. 뒤를 돌아보니 자기가 누워 있던 나무는 살랑살랑 부는 바람에 흔들릴 뿐이었습니다.

1. 아기별   2. 엄마 품   3. (1) ③   (2) ①   (3) ②   4. 예 콜콜, 소록소록

1. 가에서 넓고 넓은 밤하늘에는 아기별이 잠잔다고 하였습니다.

2. 다에서 아기는 포근한 엄마 품에서 잠잔다고 하였습니다.

3. 가, 나, 다 각각의 셋째, 넷째 줄에 누가, 어떻게 자는지가 나타나 있습니다. 가에서 별이 반짝이는 모습을 아기별이 깜박깜박 잠잔다고 표현하였고, 나에서는 산새 들새가 꼬박꼬박 잠잔다고 표현하였고, 다에서는 아기가 쌔근쌔근 잠잔다고 표현하였습니다.

4. 잠자는 모습을 흉내 내는 말을 찾아봅니다. 예를 들어 '콜콜'은 곤하게 깊이 자면서 숨을 쉬는 소리나 모양을, '소록소록'은 아기가 곱게 자는 모양을 흉내 낸 말입니다.

3. 작은 소리를 내며 자는 듯 누워 있었던 오리가 아무 소리를 내지 않았다는 것은 오리가 죽었다는 것을 알려 주는 내용입니다.

4. 글쓴이는 책상 앞에 앉아 '왜 죽었을까? 굶어 죽었을까? 병이 나서 죽었을까? 똑같이 잘 보살펴 주었는데…….' 하고 오리가 죽은 이유에 대해 곰곰이 생각하였습니다.

5. 오리의 죽음을 슬퍼하며 눈물을 흘리던 '우리 셋'은 양지 바른 개나리꽃 그늘 밑에 죽은 오리를 묻어 주었다고 하였습니다.

6. 오리가 죽은 것이 슬퍼서 풀이 죽은 오리 떼처럼 우리 셋도 방 한구석에 웅크리고 앉아 있었습니다. 기르던 동물이 죽었을 때 나는 어떤 기분이 들었는지 잘 생각해 봅니다.

7. '우리를 잊지 않을 거지? 우리도 언제나 널 생각할 테니까.'라고 생각한 것을 통해 죽은 오리를 잊지 않을 것임을 짐작할 수 있습니다.

21a~22b

1. ①　　2. ②　　3. ③　　4. 병　　5. 오리, 묻어　　6. ②　　7. ③

1. 글쓴이가 베란다 문을 열고 오리를 보러 간 것을 통해 글쓴이의 집이라는 것을 알 수 있습니다.

2. 낮잠을 자주 잔 것이 아니라, 죽어 가는 모습이 마치 잠자는 듯 보였다는 뜻입니다.

23a~23b

1. ①　　2. 품속　　3. 빗방울들　　4. ①　　5. 예 고양이는 생선을 먹고 싶어서 야단입니다.　　6. 예 (1) 해님이 방긋 웃었다.　　(2) 눈사람이 놀러 온 날

1. 이 일기는 우산을 썼던 경험을 동시의 형식으로 쓴 동시 일기입니다. 관찰 일기는 어떤 대상을 관찰하고 쓴 일기, 독서 일기는 책을 읽고 책의 내용을 소개하고 생각이나 느낌을 쓴 일기, 생활 일기는 일상생활에서 경험한 일에 대하여 쓴 일기, 편지 일기는 다른 사람에게 말하듯이 편지 형식으로 쓴 일기입니다.

2. 지현이는 우산 속을 '엄마 품속' 같다고 느꼈습니다.

3. '빗방울들도 / 들어오고 싶어서 // 두두두두 / 야단이지요.'에서 엄마 품속 같은 우산 속에 빗방울들이 들어오고 싶어 한다고 하였습니다.

4. '두두두두'는 우산에 빗방울들이 부딪히는 소리를 표현한 것입니다.

5. '야단'은 '매우 떠들썩하게 일을 벌이거나 부산하게 법석거림. 또는 그런 짓.'을 뜻하는 낱말입니다. 짧은 글을 지어 보고 낱말의 뜻에 맞게 쓰였는지 다시 확인해 보도록 합니다.

6. 일기에서 날씨를 표현할 때에는 '맑음', '흐림', '비', '눈'처럼 간단하게 표현할 수도 있지만 자기만의 방법으로 재미있게 표현할 수도 있습니다. (1)은 날씨가 맑아서 해가 난 모습이고, (2)는 눈이 내려 눈사람을 만든 모습입니다. 맑은 날씨, 눈이 내리는 날씨를 어떻게 표현하면 재미있을지 생각해 봅니다. 이때 주의해야 할 점은 날씨를 재미있게 표현하더라도 그 날의 날씨를 정확하게 알 수 있어야 하는 것입니다.

1. 받아쓰기　　2. ⑤　　3. 자전거를　　4. ④
5. 받침　　6. ⑤　　7. ④　　8. 내일은 100점을 받기로 다짐했습니다.　　9. (1) ①　　(2) ③　　(3) ②　　10. ④　　11. 예 콩닥콩닥, 쿵쿵쿵

1. 알림장의 내용으로 보아, 내일 보는 시험이 '받아쓰기'임을 알 수 있습니다.

2. 자전거를 타며 놀고 싶기도 하고 열심히 공부하여 받아쓰기 시험도 잘 보고 싶어서 갈등을 하는 승필이는 '따로 공부하지 않아도 다 100점 받아.'라는 인성이의 말에 마음이 흔들렸습니다.

3. 승필이는 저녁에 공부해야겠다고 생각하고 신나게 자전거를 탔습니다.

4. 자전거를 타고 집에 돌아온 승필이는 저녁을 먹고 공부를 하려고 했지만 졸음이 와서 꾸벅꾸벅 졸기 시작했습니다. '절레절레'는 머리를 좌우로 자꾸 흔드는 모양을, '훌쩍훌쩍'은 콧물을 들이마시며 자꾸 흐느껴 우는 소리를, '오들오들'은 춥거나 무서워서 몸을 잇따라 심하게 떠는 모양을, '아장아장'은 아이가 이리저리 찬찬히 걷는 모양을 흉내 낸 말입니다. '꾸벅꾸벅'은 졸 때, 머리와 몸을 앞으로 숙였다가 드는 모양을 흉내 내는 말입니다.

5. 승필이는 수업 시간에 배운 것을 생각하면서 답을 쓴다고 썼지만, 받침을 어떻게 써야 하는지 헷갈렸다고 하였습니다.

6. 승필이는 늦잠을 자지 않고 아침에 일어났습니다. 전날 자전거를 타느라 시험 공부를 하지 않아 걱정이 된 승필이는 아침밥을 먹는 둥 마는 둥 제대로 먹지 않고 학교에 갔습니다. 어머니가 실망

하실까 봐 시험지를 보여 드리지 못했습니다.

7. '시험 결과 50점. 창피한 마음에 얼른 시험지를 서랍 속에 넣었습니다.'를 통해 시험 점수를 알고 창피해하는 승필이의 마음을 알 수 있습니다.

8. '엄마가 실망하실 텐데……. 이 시험지를 보여 드릴 순 없어. 그래, 오늘 열심히 공부해서 내일은 100점 받아야지.'를 통해 열심히 공부해서 받아쓰기 시험에서 100점 받겠다는 승필의 다짐을 알 수 있습니다.

9. 승필이는 친구와 자전거를 타며 신이 났습니다. 그러나 그 결과 시험에서 50점을 받고 창피해하였습니다. 다음 날 시험에서 틀린 답이 정답으로 잘못 채점된 것을 알고 처음에 어떻게 해야 할지 갈등하였습니다.

10. 승필이는 그냥 모른 척할까, 사실대로 말씀을 드릴까 고민하다가, 선생님께 사실대로 말씀드렸습니다.

11. '쿵쾅쿵쾅'은 계속 쿵쾅 하는 소리가 나는 것을 흉내 내는 말입니다. 여기서는 심장이 뛰는 소리를 '쿵쾅쿵쾅'이라고 표현하였습니다. 이와 바꾸어 쓸 수 있는 흉내 내는 말로 '콩닥콩닥, 쿵쿵쿵, 콩콩콩' 등이 있습니다.

1. (1) ② (2) ①　　**2.** (1) 숲이 (2) 황소가 (3) 얼음이 (4) 개미가 (5) 사과가　　**3.** (1) 넓다 (2) 예쁘다 (3) 맑다 (4) 재미있다 (5) 시원하다　　**4.** (1) 축구공이 (2) 꽃이 (3) 수박이 (4) 사자가　　**5.** (1) 빠르다 (2) 길다 (3) 높다 (4) 크다　　**6.** (1) 구름이, 하얗다 (2) 바람이, 세다 (3) 참외가, 맛있다 (4) 책상이, 무겁다

해설 ●●

1. (1), (2)에서 '꽃이'와 '달이'는 각각 '무엇이'에 해당하는 말이고 '아름답다'와 '밝다'는 각각 '무엇이'의 상태나 성질을 나타내 주는 '어떠하다'에 해당하는 말입니다.

2. 그림 속의 대상은 각각 '숲, 황소, 얼음, 개미, 사과'로, '무엇이'에 해당하는 말은 '숲이, 황소가, 얼음이, 개미가, 사과가'입니다. '숲을, 황소를, 얼음과, 개미에게, 사과를'은 각각의 뒤에 오는 '어떠하다'에 해당하는 말과 어울려 쓸 수 없습니다.

3. '무엇이'의 상태나 성질을 나타내는 '어떠하다'에 해당하는 말을 찾아봅니다. '넓게, 예쁘게, 맑게, 재미있는, 시원한'과 같은 말은 뒤에 어떤 말이 와서 그 말을 자세하게 꾸며 주는 말입니다.

4. 뒤에 오는 말은 상태나 성질을 나타내는 말 '어떠하다'에 해당하는 말입니다. 따라서 각각의 그림을 보고 뒤에 오는 말 '어떠하다'가 각각의 '무엇이'의 어떤 상태나 성질을 나타내고 있는지 잘 살펴봅니다. 그림은 각각 '축구공, 꽃, 수박, 사자'를 나타낸 것이므로 '무엇이'에 해당하는 말은 '축구공이, 꽃이, 수박이, 사자가'가 됩니다.

5. '어떠하다'에 해당하는 말을 찾아봅니다. '어떠하다'는 움직임을 나타내는 말 '어찌하다'와 달리 '무엇이'의 상태나 성질을 나타내 주는 말입니다. '달린다, 굴러간다, 세운다, 자란다'는 움직임을 나타내는 말 '어찌하다'에 해당하는 말입니다.

6. '무엇이 어떠하다'의 뜻이 나타나도록 문장을 완성하여 봅니다. '무엇이'에 해당하는 말과 어울리는 '어떠하다'에 해당하는 말을 골라 문장을 나타냅니다. 이때, 움직임을 나타내는 말과 잘 구별하여야 합니다.

1. 예 (1) 꽃밭, 마당, 강아지, 새 소리, 나무, 하얀 연기 등   2. 예 (1) ① 보물찾기 ② 도시락 ③ 김밥 (2) ① 노래 ② 음악 시간 ③ 피아노 ④ 합창   3. 예 (1) ① 오줌 ② 빨래 ③ 엄마 품 ④ 사랑 ⑤ 아장아장 ⑥ 보행기 (2) ① 돼지 ② 꿈풀이 ③ 편안함 ④ 쉬는 시간 ⑤ 침대 ⑥ 푹신함 ⑦ 스프링 (3) ① 운동 ② 체조 ③ 달리기 ④ 마라톤 ⑤ 100미터 ⑥ 놀이터 ⑦ 시소 ⑧ 친구들   4. 예 (예로 든 것이므로 다 쓰지 않아도 좋습니다. 각자 생각나는 대로 써 봅니다.)

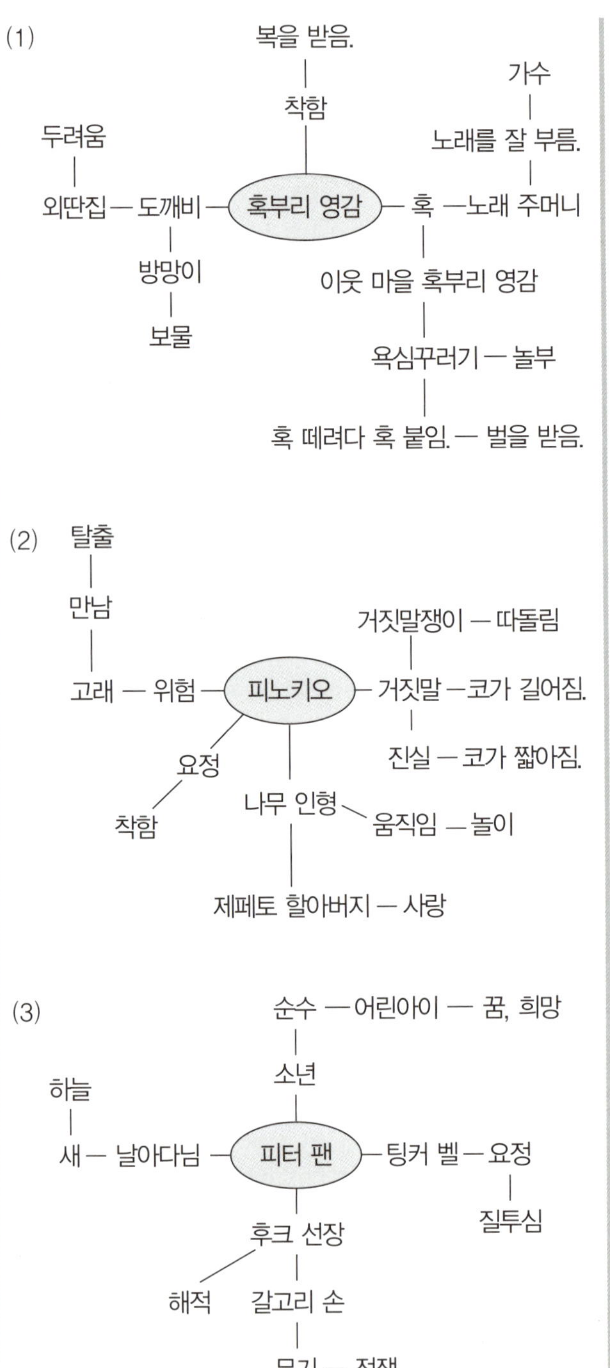

해설 ●●○

1. 주어진 그림을 보고 떠오르는 생각을 자유롭게 써 봅니다.

2. 주어진 그림을 보고 자유롭게 낱말을 연상해 볼

수 있도록 합니다. 가장 먼저 생각나는 말이 있고 이 말에 의해 생각나는 말도 있습니다. 그림을 보고 바로 떠오르는 말을 쓰고 이에 이어서 떠오르는 말을 다음 칸에 씁니다.

3. 2의 활동에서 생각을 좀 더 확장해 보는 문제입니다. 일상생활에서 자주 볼 수 있는 주변의 것들에서 가장 먼저 생각나는 것을 써 보고, 그런 다음 그 말에서 생각나는 것들을 이어서 써 봅니다. 생각나는 것이 대상이 될 수 있고 나의 생각이나 느낌이 될 수도 있습니다.

4. 책을 읽고 떠오르는 낱말을 생각 그물로 나타내는 문제입니다. 예로 든 것을 참고하여 떠오르는 생각들을 다양하게 써 보도록 합니다.

E1집 3호 36a~51a

듣기 • 말하기　　　　　　　　　　　36a

1. ③　　2. ④

해설 ●●●

1. 이 시에는 귀여운 아기와 아기를 보며 웃음 짓는 엄마가 나옵니다.

2. 엄마가 부르면 아기는 '아장아장' 걸음마한다고 하였습니다. '아장아장'은 아기가 가벼운 몸으로 귀엽게 찬찬히 걸어가는 모양을 흉내 낼 때 쓰입니다.

듣 기 대 본

아가야,
엄마가 부르면
아기는 아장아장 걸음마해요.

으앙!
아기가 부르면
엄마는 허둥허둥 달음질해요.

엄마는
아기 보며
빙그레 웃음 지어요.

아기는
엄마 품에서
새근새근 잠이 들어요.

1. ④   2. ①   3. 비

해설 ●●

1. 이리저리 구경을 다니던 흰 구름은 옹달샘 옆을 사뿐사뿐 걸어가는 여우를 보고, 첫눈에 반하였습니다. 하지만 하늘에 떠 있는 흰 구름은 여우에게 마음을 고백할 수 없었습니다.

2. 흰 구름이 파란 하늘 위를 둥실둥실 떠다닌다고 하였습니다.

3. 시집가게 된 여우 때문에 흰 구름이 눈물을 훌쩍훌쩍 흘렸고, 그 눈물은 비가 되어 보슬보슬 내렸다고 하였습니다.

듣 기 대 본

아주 먼 옛날, 파란 하늘 위를 둥실둥실 떠다니는 흰 구름이 있었습니다. 이리저리 구경을 다니던 흰 구름은 옹달샘 옆을 사뿐사뿐 걸어가는 여우를 보게 되었습니다. 아름다운 여우의 모습을 본 흰 구름은 첫눈에 반했습니다. 하지만 고백은 하지 못했습니다. 그러던 어느 날 여우가 시집을 가게 되었습니다. 여우를 떠나보내는 흰 구름은 훌쩍훌쩍 눈물을 흘리기 시작했습니다. 흰 구름의 눈물은 어느새 비가 되어 보슬보슬 땅에 내렸습니다.

읽기

1. ④   2. ②, ③   3. ⑤   4. 하인   5. ⑤   6. (1) ② (2) ①

해설 ●●

1. 이야기를 좋아하는 도령은 이야기를 들은 후에, 이야기들이 도망가지 못하도록 주머니 속에 넣고 꽁꽁 묶었습니다.

2. 이야기들은 자기들을 가두어 둔 도령에게 앙갚음을 하려고 했습니다. 그래서 먹음직한 딸기와 시원한 샘물로 변해서 도령이 딸기를 먹거나 샘물을 마시면 죽게 하려고 했습니다.

3. 이야기들은 오랫동안 주머니 속에 갇혀 지내서 답답했습니다. 그래서 주머니 속에 가두어 둔 앙갚음으로 딸기와 샘물로 변해서 도령을 혼내 주려고 했습니다.

4. 도령에게 못된 짓을 하려는 이야기들의 대화를 하인이 들었습니다.

5. 하인은 이야기들이 앙갚음을 하려고 한다는 것을 알고 있었습니다. 그래서 도령이 말에서 내려 딸기를 먹지 못하게 하려고 말고삐를 잡아당겼습니다. 이 부분에서 하인의 지혜로움을 알 수 있습니다.

6. 하인은 이야기들의 말을 듣고, 주인인 도령의 목숨을 구해 준 슬기로운 사람입니다. 만약 하인의 지혜가 없었다면 이야기들이 도령에게 앙갚음을 했을 것입니다. 그리고 도령은 이야기를 아주 좋아해서 이야기들을 주머니 속에 가두어 놓았지만, 나중에 하인의 말을 듣고 이야기들을 모두 풀어 주었습니다. 그래서 오늘날까지 재미있는 이야기들이 전해 내려오는 것입니다.

1. 나무 도령　　2. ④　　3. 개미 떼, 모기 떼　　4. 섬　　5. (1) ②　(2) ①　　6. ④

해설 ●●

1. 나무와 선녀가 사랑을 해서 사내아이를 낳았는데 그 아이는 마음씨 착한 도령으로 자라났습니다. 그 후, 나무에서 태어났다고 하여 나무 도령이라고 불렸습니다.

2. 열흘 동안 많은 비가 와서 온 세상이 물에 잠겼습니다. 그래서 나무 도령과 도령이 태어난 나무는 물에 떠내려가게 되었습니다.

3. 나무 도령은 떠내려가는 개미 떼와 모기 떼들을 구해 주었습니다. 그리고 물에 빠져 허우적대는 사내아이를 구해 주었습니다. 이것으로 보아 나무 도령은 마음씨 착한 사람이라는 것을 알 수 있습니다.

4. 나무 도령은 한참을 떠내려가다 섬에 다다랐습니다. 그 섬에는 할머니와 두 딸이 있었습니다.

5. 할머니는 나무 도령에게 모래밭에서 좁쌀을 모두 주워 오면 사위로 삼겠다고 말했습니다. 이 말을 듣고 어쩔 줄 몰라 하는 나무 도령에게 개미 떼가 나타나서 좁쌀을 주워 주었고, 동쪽과 서쪽 방 어디로 갈 줄 몰라 하고 있는 나무 도령에게 모기 떼가 나타나 동쪽 방으로 가라고 알려 주었습니다. 이렇게 개미 떼와 모기 떼는 목숨을 구해 준 나무 도령의 은혜를 잊지 않고 나무 도령이 어려움에 처했을 때 그 은혜를 갚았습니다.

6. 개미 떼와 모기 떼는 나무 도령이 구해 주어서 살 수 있었습니다. 그래서 그 은혜를 갚으려고 모래밭에서 좁쌀을 주워 주고, 어느 방으로 가야 할지 알려 주었습니다.

1. 시장　　2. ①　　3. ③　　4. ③　　5. ③　　6. 쪽으로 달려갔습니다.　　7. 놀이터　　8. ④　　9. 이제 우리 절대로 떨어지지 말자.　　10. (1) ×　(2) ○

해설 ●●

1. 엄마는 잠깐 시장에 갔다 온다고 하였습니다.

2. 엄마가 시장에 잠깐 가셔서 집에는 글쓴이와 글쓴이의 동생 지후만 남게 되었습니다. 글쓴이가 숙제를 한 후, 컴퓨터를 켜려고 하는데 동생 지후의 울음소리가 들렸습니다. 잠이 깬 지후가 더 크게 울자 글쓴이는 할 수 없이 지후를 데리고 밖으로 나갔습니다.

3. 글쓴이는 엄마가 시장 가신다는 말을 듣고 '야호, 엄마 나가시면 컴퓨터 해야지.' 라고 생각했습니다.

4. 글쓴이는 돌멩이로 찻길을 그리고, 횡단보도, 자동차도 그렸습니다.

5. 동생과 찻길을 그리며 놀던 글쓴이는 찻길이 잘 안 보여서 잘 그려지는 것을 찾아 다시 그리려고 화단에 갔습니다. 글쓴이는 화단에서 깨진 화분 조각을 주웠습니다. 그것이 돌멩이보다 더 잘 그려질 것 같았기 때문입니다.

6. 글쓴이가 깨진 화분 조각을 주워 왔는데 그곳에는 지후가 보이지 않았습니다. 지후가 없어졌는데 뒤에서 아이 울음소리가 나자 글쓴이는 지후일 것 같아서 소리가 나는 쪽으로 달려갔습니다.

7. '나는 다시 놀이터로 뛰기 시작했습니다. ~ 거기에 지후가 있었습니다.' 라는 내용으로 보아 동생 지후가 있었던 곳은 놀이터입니다.

8. 글쓴이는 여기저기 지후를 찾아다녔는데, 그것

도 모르고 동생 지후는 글쓴이를 보자 빙그레 웃
으며 장난감을 들어 보였습니다.

9. 글쓴이는 다시 찾은 동생 지후를 꼭 안으면서
'지후야, 이제 우리 절대로 떨어지지 말자.' 라고
생각했습니다.

10. 글쓴이는 지후가 울자 지후를 데리고 밖으로
나와 지후를 위해 찻길도 그려 주는 다정한 형입
니다. 그리고 잃어버린 지후를 찾으러 여기저기
돌아다닙니다. 놀이터에서 지후를 찾았을 때는 눈
물을 흘리면서 꼭 안아 줍니다. 그리고 '지후야,
이제 우리 절대로 떨어지지 말자.' 라고 생각합니
다. 처음에는 지후가 울자 귀찮아했지만, 지후를
많이 사랑하고 있는 것을 알 수 있습니다.

문법 45a~47b

1. (1) ① (2) ② 2. (1) 사과는 (2) 무궁화는
(3) 기린은 (4) 김밥은 3. (1) 악기이다 (2) 동물
이다 (3) 병원이다 (4) 놀이이다 4. (1) 우유는
(2) 필통은 (3) 개나리는 (4) 잠자리는 5. (1) 과
일이다 (2) 동물이다 (3) 그릇이다 (4) 악기이
다 6. (1) 감은, 과일이다 (2) 케이크는, 음식이
다 (3) 한복은, 옷이다

해설 ●●

1. 제시된 그림은 '무엇이' 에 해당하는 것이고,
'무엇이' 에 어울리는 '무엇이다' 를 찾아 연결하여
보는 문제입니다. '연필은' 은 '학용품이다' 와 어
울리고, '나비는' 은 '곤충이다' 와 어울립니다.

2. '무엇이다' 와 어울리는 '무엇이' 에 해당하는
말을 찾아봅니다. '사과는, 무궁화는, 기린은, 김
밥은' 은 '무엇이' 에 해당하는 말이고, '빨간, 아름
다운, 큰, 맛있는' 은 꾸며 주는 말입니다.

3. 제시된 말 중에서 '무엇이' 를 알맞게 설명하는
'무엇이다' 를 찾아봅니다. '악기이다, 동물이다,
병원이다, 놀이이다' 는 '무엇이다' 에 해당하는 말
이고, '달린다, 노래한다, 움직인다, 뛴다' 는 '어
찌하다' 에 해당하는 말입니다.

4. '우유는, 필통은, 개나리는, 잠자리는' 은 '무엇
이' 에 해당하는 말이고, '따뜻한, 값비싼, 아름다
운, 작은' 은 꾸며 주는 말입니다.

5. 제시된 말 중에서 '무엇이' 를 가장 알맞게 설명
하는 '무엇이다' 를 찾아 씁니다. '바나나는 과일
이다.', '오징어는 동물이다.', '접시는 그릇이
다.', '피아노는 악기이다.' 가 '무엇이 무엇이다'
로 이루어진 문장입니다.

6. 제시된 말 중에서 '무엇이' 에 해당하는 말과
'무엇이다' 에 해당하는 설명하는 말을 찾아 '무엇
이 무엇이다' 의 형태가 이루어지도록 문장을 완성
하여 봅니다. '감은 과일이다.', '케이크는 음식이
다.', '한복은 옷이다.' 가 이에 해당하는 문장입니
다.

1. ① 제주도 ② 기차   2. 예 ① 요정 ② 제페토 할아버지 ③ 제페토 할아버지가 나무를 깎아 피노키오를 만듦.   3. 예 교실에서 떠들면 소리가 시끄러워 공부하는 친구들에게 피해를 줄 수 있습니다.

해설 ●●

1. 생각 그물을 통해 떠올린 생각들을 다발 짓기로 묶고 정리해 보는 문제입니다. 다발을 짓는 기준이 무엇인지 파악하여 그것과 연관이 없는 것은 생략하고 더 필요한 내용은 더 넣도록 합니다. '여행' 하면 중국, 유럽, 배, 제주도, 설악산, 비행기, 기차 등이 생각나고 이것들을 '교통편'과 '여행지'로 나누어 묶을 수 있습니다.

2. 우선 책을 읽고, 책을 읽은 후 떠오르는 생각들을 적어 봅니다. 적은 생각들을 기준에 따라 분류해 봅니다. '피노키오' 하면 '요정, 제페토 할아버지, 거짓말, 코가 길어짐.' 등 많은 것이 생각나는데 이것을 나오는 사람들, 내용으로 나누어 묶어 봅니다.

3. 생각 그물을 통해 생각한 것들을 비슷한 것끼리 묶어 간단한 글을 써 보는 활동입니다. '교실에서 떠드는 것'에 대해 떠오르는 생각들을 보고, 이것을 간단한 한 문장의 글로 써 봅니다.

시소는 무거운 쪽이 아래로 내려갑니다. 그런데 사자보다 가벼운 토끼가 아래로 내려가 있습니다.

시계의 시곗바늘은 긴 바늘과 짧은 바늘 두 개로 되어 있습니다. 바늘 하나가 빠졌습니다.

전화기 숫자는 '123/456/789/*0#'으로 되어 있습니다. 숫자 '1'이 빠졌습니다.

게의 다리는 모두 열 개입니다. 왼쪽 집게 다리가 하나 빠졌습니다.

E1집 4호 53a~68a

듣기 · 말하기   53a

1. ③   2. ④

해설 ●●

1. 이 노래에 등장하는 탈것은 따르릉 소리를 내며 달리는 자전거입니다.

2. 자전거의 경적 소리는 '따르릉' 입니다. '따르릉' 은 자전거가 지나갈 때 다른 사람을 조심시키기 위한 신호입니다.

듣 기 대 본

따르릉 따르릉 비켜나세요
자전거가 나갑니다. 따르르르릉
저기 가는 저 사람 조심하세요
어물어물하다가는 큰일납니다

듣 기 대 본

학교에서 돌아온 영민이는 배가 몹시 고팠습니다. 점심시간에 신나게 공을 찼더니 배꼽시계가 평소보다 빨리 울린 것이지요.

영민이의 배 속에서는 '꼬르륵꼬르륵' 소리가 그칠 줄 몰랐습니다.

'가만. 냉장고에 먹을 게 뭐가 있더라?'

영민이는 부엌으로 가서 냉장고 문을 열었습니다. 어제 엄마가 산 우유와 식빵이 보였습니다.

'목이 마르니까 우유부터 마셔야지.'

영민이는 우유를 시원하게 마셨습니다. 그러고는 식빵에 잼을 쓱쓱 발라 맛있게 먹었습니다.

읽기   54a~54b

1. ②   2. ⑤   3. 손

해설 ●●

1. '신발이 줄어들었네요. / 발이 커서 그래요.'에서 알 수 있듯이 발이 커져서 신발이 작아졌습니다.

2. 발, 키, 손, 힘이 자라는 모습을 통해 아이가 자라나는 모습을 나타냈습니다. 발이 커서 신발이

듣기 · 말하기   53b

1. ③   2. ⑤

해설 ●●

1. 영민이는 점심시간에 신나게 공을 찼기 때문에 배가 몹시 고팠습니다.

2. 배가 고픈 영민이의 배 속에서는 '꼬르륵꼬르륵' 소리가 그칠 줄 몰랐습니다.

줄어들었고, 키가 커서 댓돌이 낮아졌고, 손이 커
서 수저가 작아졌고, 힘이 늘어서 그릇이 가벼워
졌다고 하였습니다.

3. 수저가 작아진 이유는 손이 커서 그렇다고 하였
습니다.

55a~55b

1. 이사 **2.** 서쪽 **3.** ② **4.** (1) ○ (2) ×

해설 ●●○

1. 이른 아침부터 달팽이는 집을 지고 이사를 간다
고 하였습니다.

2. 해님이 서쪽으로 넘어갔다는 것은 저녁이 되었
다는 뜻입니다.

3. 달팽이가 지고 가는 것은 진짜 집이 아닌 달팽
이 껍데기입니다.

4. 달팽이가 달팽이집을 지고 느릿느릿 기어가는
것을 머릿속에 그려 봅니다. 달팽이가 너무 느려
서 하루 종일 가도 조금밖에 가지 못하는 것을 나
타낸 것입니다. 달팽이가 집을 이고 간다고 해서
욕심이 많고 멍청한 것은 아닙니다.

56a~56b

1. 다섯 **2.** ③ **3.** ① **4.** (1) ② (2) ④
(3) ⑤ (4) ① (5) ③

해설 ●●○

1. 우리 식구를 다섯 손가락으로 나타내고 있습니
다. 우리 식구는 아빠, 엄마, 누나, 나, 아기 이렇
게 다섯 명입니다.

2. 나보다 나이가 많은 여자 형제를 '누나' 라고 부
르는 사람은 남자입니다. 만약 '나' 가 여자라면
'언니' 라고 불렀을 것입니다.

3. 모두 잘 웃어서 즐거운 우리는 한 집안 식구라
고 하였습니다.

4. '아빠는 껄껄껄걸, 엄마는 하하호호, 누나는 히
히호호, 나는 낄낄낄낄, 아기는 히죽히죽' 이라는
웃음소리로 즐거운 우리 식구들의 모습을 보여 주
고 있습니다.

57a~57b

1. (1) 한국 (2) 호주 **2.** 한 달 **3.** ④ **4.**
(1) ○ (2) × (3) ○

해설 ●●○

1. 아빠가 호주에서 한국에 있는 딸 채린이에게 보
낸 편지입니다.

2. 아빠가 채린이를 못 본 지 한 달이 되었다고 했
습니다. 이를 통해서 아빠가 호주에 간 것이 한 달
쯤 되었다는 것을 알 수 있습니다.

3. 아빠는 캥거루와 코알라가 아주 예쁘게 나온 호
주 엽서를 보내니 잘 간직하라고 하였습니다.

4. 이 편지는 호주에 가 있는 아빠가 딸 채린이에
게 보내는 편지입니다. 그리고 호주는 한국과 달
리 덥다고 했습니다.

1. 채린, 아빠 2. ② 3. 공부해야겠다고 생각했습니다.

해설 ●●

1. 이 글은 아빠의 편지를 받은 채린이가 아빠께 답장을 쓴 글입니다. 맨 첫 줄의 '사랑하는 아빠께'는 받는 사람, 맨 끝 줄의 '채린이가'는 보내는 사람입니다.

2. 아빠는 호주에 일 때문에 출장을 가셨습니다.

3. 채린이는 쪽지 시험을 봤는데 시험이 좀 어려웠다고 했습니다. 그래서 더 열심히 공부해야겠다고 생각했습니다.

3. 글쓴이는 방귀를 뀐 후, 친구들이 알까 봐 일부러 모르는 척하며 칠판을 뚫어져라 바라보았습니다.

4. '방귀를 안 뀌었으면 왜 얼굴이 빨개지니?'라는 말로 보아 아이들이 유경이를 의심하는 이유는 유경이가 얼굴이 빨개졌기 때문입니다.

5. 친구들은 얼굴이 빨개진 유경이가 방귀를 뀌었다고 생각하고 놀려 댔습니다. 그래서 방귀를 뀐 글쓴이는 유경이에게 미안한 생각이 들었던 것입니다.

6. 알고 보니 방귀를 뀐 사람은 글쓴이와 유경이었습니다. 그런데 얼굴이 빨개진 유경이만 아이들에게 방귀를 뀌었다며 놀림을 받았습니다.

1. ② 2. ④ 3. 칠판을 뚫어져라 바라보았습니다. 4. ① 5. 미안한 6. (1) ○ (2) ×

해설 ●●

1. '승희가 교실이 울릴 만큼 큰 소리로 말했습니다.'라는 말로 보아 이 일이 일어난 곳은 교실임을 알 수 있습니다.

2. 글쓴이는 방귀를 뀌고 나서 '내가 뀐 걸 알면 어떻게 하지?'라고 생각했습니다. '아, 시원해.'와 '아, 창피해.', '방귀 뀌는 소리도 났나?', '친구들이 물어보면 아니라고 해야지.'는 글 속에 없는 내용입니다.

1. (1) ② (2) ① 2. (1) 철수가 (2) 유리가 (3) 새가 (4) 화가가 3. (1) 피아노를 (2) 모자를 (3) 노래를 (4) 자전거를 4. (1) 한다 (2) 탄다 (3) 쓴다 5. 예 (1) 벌레를 (2) 아이가 (3) 쓴다 6. (1) 아기가 신발을 신는다 (2) 어린이가 손을 씻는다 (3) 농부가 밭을 간다

해설 ●●

1. 아기가 잠을 자고 있는 그림과 아이가 밥을 먹는 그림입니다. 그림과 어울리는 말을 이어 봅니다.

2. 그림을 보고 '무엇을', '어찌하다' 와 어울리는 '무엇이' 에 해당하는 말을 찾아 문장을 완성합니다. '무엇이' 는 '어찌하다' 의 주체로 음악을 듣는 주체가 철수이고, 우유를 마시는 주체가 유리이고, 하늘을 나는 주체가 새이고, 그림을 그리는 주체가 화가입니다.

3. 그림을 보고 '무엇이' 와 '어찌하다' 에 어울리는 '무엇을' 을 찾아 문장을 완성합니다. '무엇을' 은 '어찌하다' 의 대상으로 '지영이가 피아노를 친다.', '어머니께서 모자를 쓰신다.', '민호가 노래를 부른다.', '할아버지께서 자전거를 타신다.' 가 맞는 문장입니다.

4. '무엇이 무엇을 어찌하다' 의 문장이 되도록 주어진 '무엇이', '무엇을' 과 어울리는 '어찌하다' 를 찾아 문장을 완성합니다.

5. '무엇이 무엇을 어찌하다' 의 문장이 되도록 빠진 말을 찾아 문장을 완성합니다. (1)은 '무엇을', (2)는 '무엇이', (3)은 '어찌하다' 에 해당하는 말이 빠졌습니다. 그림을 보고 빠진 말을 채워 봅니다.

6. '무엇이 무엇을 어찌하다' 의 문장이 이루어지도록 '무엇이', '무엇을', '어찌하다' 에 해당하는 알맞은 말을 찾아 순서대로 써 봅니다.

1. 예 (1) 8살, 이승희 (2) 수영하는 것, 친구들과 이야기하는 것 (3) 엄마, 아빠 심부름 하기 (4) 이모가 사 주신 보석 상자 (5) 아픈 사람을 돌보는 간호사 2. 예 나는 여덟 살이고 여름초등학교 1학년 3반 유진수입니다. 내가 가장 좋아하는 것은 태권도입니다. 또 내가 가장 잘하는 것도 태권도입니다. 나는 틈만 나면 태권도 동작을 연습하고 또 연습합니다. 나는 뭐든지 좋아하는 것을 끝까지 열심히 하는 성격입니다. 나의 보물 1호는 나입니다. 내가 가장 중요하니까요. 나는 이다음에 커서 우리나라를 빛내는 훌륭한 태권도 선수가 되고 싶습니다. 3. 예 ① 얼굴은 동그랗고 눈은 작습니다. 하지만 반짝거려 예쁩니다. ② 친구들을 잘 도와주고 명랑하고 활발합니다. ③ 발레입니다. 4. 예 이유미 / 나의 단짝 친구 이름은 이유미입니다. 유미는 말이 많아 떠들기를 잘하는 성격입니다. 유미의 생김새는 얼굴이 하얗고 눈이 크며 안경을 썼습니다. 유미가 가장 좋아하는 것은 애완용 강아지를 돌보는 것입니다. 또 가장 잘하는 것은 노래하기입니다. 유미는 노래를 정말 잘합니다. 유미는 이다음에 커서 가수가 되고 싶다고 합니다.

1. 소개하는 글은 다른 사람에게 자기나, 친구, 가족, 학교나 마을 등을 소개할 때에 쓰는 글입니다. 소개하는 글을 쓸 때에는 소개하고자 하는 대상의 특징을 잘 파악하여 알려 주어야 합니다. 자기를 남에게 소개하는 글을 쓰려면 먼저 '나는 어떤 사람일까?' 를 떠올려 보아야 합니다. 내가 좋아하는 것은 무엇인지, 잘하는 것은 무엇인지 그리고 가장 아끼는 보물 1호가 무엇인지 곰곰이 생각한 뒤에 써 봅니다.

2. 나를 소개하는 글을 쓸 때에는 이름과 나이, 학교, 학년, 반, 가장 좋아하는 것, 가장 잘하는 것, 나의 보물 1호, 성격, 꿈 등이 포함되도록 쓰면 좋습니다.

3. 나의 가장 친한 친구는 누구인지 생각해 봅니다. 그리고 그 친구의 이름, 성격, 생김새, 잘하는 것에 대해 간단히 써 봅니다.

4. 친구를 소개하는 글을 쓸 때는 친구의 이름, 성격, 생김새, 잘하는 것, 되고 싶어 하는 것 등을 씁니다. 또 이 밖에도 친구의 관심이나 칭찬하고 싶은 점, 특별한 점에 대해 써 볼 수도 있습니다.

숨은그림찾기 68a

E1집 성취도 테스트

1호

1. ④　　2. ①　　3. 다람쥐　　4. 땅　　5. ④
6. ④　　7. ③　　8. (1) 내린다 (2) 운다　　9. 예
붓, 스케치북, 그림, 팔레트, 물통, 도화지, 미술
시간, 그리기 대회 등　　10. 예 ① 어깨동무 ②
단짝 ③ 우정 ④ 공부 ⑤ 놀이, 소중함, 운동, 숙
제, 믿음 등

해설 ●●

1. ① '사과' 의 첫글자에는 〈ㅏ〉 소리가, ② '이'
에는 〈ㅣ〉 소리가, ③ '소' 에는 〈ㅗ〉 소리가, ④
'구' 에는 〈ㅜ〉 소리가, ⑤ '오이' 에는 〈ㅗ〉 소리가
들어 있습니다.

2. 강이와 아빠는 참나무 숲에서 날마다 산책을 합
니다. 그리고 산책을 하다가 도토리를 주우러 온
사람들을 보았습니다.

3. '아빠, 사람들이 도토리를 다 주워 가면 어떡
해?' 와 '도토리가 다 없어지면 다람쥐는 뭐 먹고
살아?' 라고 강이가 걱정하면서 한 말을 통해 알
수 있습니다.

4. 강이가 엄마 배에서 나온 것처럼, 나무와 풀과
꽃이 땅에서 나왔기 때문에 땅은 엄마라고 말하였
습니다.

5. 주위에 있던 사람들이 구급차를 불러 승빈이를
병원으로 데리고 갔습니다.

6. '승빈이는 자기만큼 빠르게 달리는 사람은 없
다고 스스로 칭찬하면서 신나게 축구를 하였습니
다.' 와 '발이 빠른 승빈이었습니다.' 라는 문장을

통해 알 수 있습니다.

7. '걷는다' 는 '어찌하다' 에 해당하는 말입니다.
따라서 빈 곳에는 걷는 동작을 할 수 있는 주체
'무엇이' 의 형태를 띤 말이 와야 합니다.

8. '어찌하다' 에 해당하는 말은 움직임을 나타내
는 말입니다. (1) '내리게' 는 서술어를 꾸며 주는
말이고, (2) '음매음매' 는 소리를 흉내 내는 말로
서술어를 꾸며 주는 말입니다.

9. 주어진 대상을 보고 떠오르는 말을 주어진 개수
만큼 써 보는 문제입니다. 주어진 대상이 언제, 어
디에서 쓰이는지, 그것과 짝을 이루는 것은 무엇
인지를 잘 생각해 봅니다.

10. 주어진 대상을 보고 떠오르는 생각들을 빈칸
안에 써 보는 문제입니다. 주어진 대상과 관련된
생각들을 자유롭게 떠올려 봅니다. 평소 친구 사
이에 일어났던 일, 어떤 느낌, 행동, 말 등이 있었
는지 생각해 봅니다.

2호

1. ⑤　　2. 자전거, 받아쓰기　　3. ④　　4. ④
5. ④　　6. 예 시냇물이 흘러가며 / 졸졸졸졸 잠
자지.　　7. 숲이　　8. (1) 길다 (2) 귀엽다　　9.
예 ① 게임팩 ② 아이템 ③ 재미있다 ④ 포켓 몬
스터 등 ⑤ 인터넷 ⑥ 전자 우편 ⑦ 채팅 ⑧ 편리
하다 등　　10. 예 해설 참고

1. 설거지할 때 접시끼리 부딪히면서 나는 소리를 '달그락달그락' 이라는 흉내 내는 말로 표현하였습니다.

2. 받아쓰기 시험 공부를 하려던 승필이는 인성이의 말을 듣고 자전거를 타러 나갔습니다. 저녁에 돌아와서 저녁밥을 먹고, 책상에 앉아 시험 공부를 하려고 했지만 졸음이 와서 자고 말았습니다.

3. 선생님께 사실대로 말씀드려서 받아쓰기에서 90점을 받았지만, 틀린 것을 사실대로 말한 것은 정직한 행동이므로 정직성은 100점이라는 뜻으로 하신 말씀입니다.

4. '쿵쾅쿵쾅' 은 틀린 답이 정답으로 채점된 사실을 알게 된 승필이가 모른 척하고 넘어가고 싶은 마음과 사실을 말해야 한다는 마음 때문에 떨려서 가슴이 자꾸 뛰는 것을 나타낸 말입니다.

5. 밤하늘에 아기별이 잠자고, 숲속에서 산새, 들새가 모여 잠자고, 엄마 품에 아기가 잠자는 모습을 떠올리면 평화로운 느낌이 듭니다.

6. 이 시처럼 쓰려면 먼저 누가 어떻게 잠자는지 생각해 봅니다. 숲속에 사는 각종 동물, 식물, 자연 등을 떠올리고, 다른 연과 글자 수가 비슷하도록 씁니다.

7. 어떤 대상이 '푸르다' 는 것인지, 빈 곳에는 '무엇이' 의 형태를 띤 말이 와야 합니다.

8. '어떠하다' 에 해당하는 말은 상태나 성질을 나타내는 말입니다. (1) '달린다' 는 '어찌하다(움직임을 나타내는 말)' 에 해당하는 말입니다. (2) '웃는다' 는 '어찌하다' 에 해당하는 말입니다.

9. '게임' 이라는 주어진 낱말을 떠올리면 생각나는 낱말, 또 그 낱말에서 연상되는 낱말을 하나씩 써 봅니다.

10. 책을 읽고 떠오르는 낱말을 생각 그물로 나타내 보는 문제입니다. 책의 내용을 중심으로 생각 그물을 짤 수 있도록 하되, 책의 내용에서 벗어난 부분으로 생각이 확대될 수도 있습니다. 적어 놓은 것은 하나의 예이므로 내가 생각했던 부분들과 비교하여 어떠한 차이가 있는지 살펴봅니다.

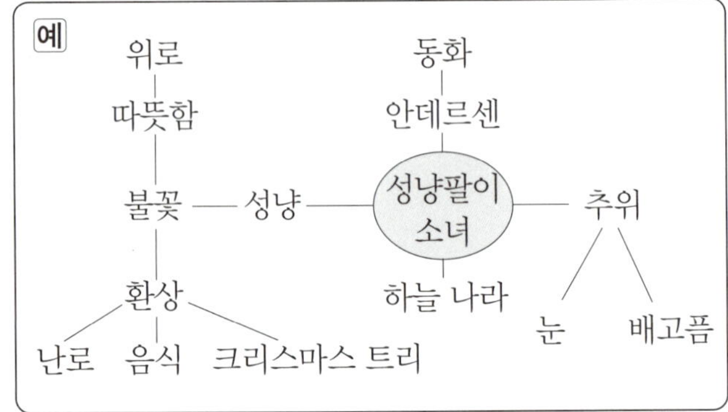

듣 기 대 본

민경이는 설거지하시는 어머니를 도와드렸습니다. 설거지를 하는 동안 접시끼리 달그락달그락 부딪히는 소리가 나기도 하였습니다. 식탁 밑에 엎드려 있던 고양이가 야옹야옹 울면서 할머니 방으로 사뿐사뿐 걸어갔습니다. 그때, 밖에서 구급차가 삐뽀삐뽀 소리를 내며 급하게 달려갔습니다. 마당에 있던 강아지도 덩달아 멍멍 멍 짖었습니다.

해설 ●●

1. '쨍쨍'은 햇볕이 따갑게 내리쬐는 모양을 흉내 내는 말입니다.

2. 이야기를 좋아하는 도령은 사람들을 만나면 이야기를 해 달라고 졸랐습니다.

3. 도령은 이야기를 좋아해서 이야기를 들으면 주머니 속에 넣고 꽁꽁 묶어 두었습니다.

4. 만약 도령이 이야기들을 풀어 주지 않았다면 지금도 이야기들이 주머니 속에 갇혀 있어서 우리는 재미있는 이야기를 들을 수 없었을 것입니다.

5. 엄마가 하신 말씀을 보면 글쓴이는 아빠가 퇴근하시면 할아버지 댁에 가야 한다는 것을 알 수 있습니다.

6. 엄마가 나가시면 컴퓨터를 하려고 했는데, 엄마가 컴퓨터만 하지 말고 숙제하라고 해서 글쓴이는 풀이 죽어 있었습니다. 그러다가 숙제를 다 하고 컴퓨터를 켜려는 순간, 동생 지후의 울음소리가 들리자 귀찮은 생각이 들었던 것입니다.

7. '무엇이다'에 해당하는 '채소이다'와 어울리는 '무엇이'는 '시금치는'입니다.

8. '무엇이'에 해당하는 '연필은'과 어울리는 '무엇이다'는 '학용품이다'입니다.

9. 생각 그물을 통해 꺼내어진 생각들을 관련 있는 것끼리 묶고 정리해 보는 문제입니다. 다발을 짓는 기준이 무엇인지 파악하여 그것과 연관이 없는 것은 생략하고 더 필요한 내용은 추가해서 넣을 수 있습니다.

10. 연상한 내용을 연결하여 짧은 문장으로 써 보는 활동입니다. 선택된 세 낱말이 자연스럽게 연결되도록 씁니다.

듣 기 대 본

나그네가 외투를 여미고 걸어옵니다. 세찬 바람이 쌩쌩 불더니 금세 햇볕이 쨍쨍 내리쬡니다. 햇볕이 쨍쨍 내리쬐자 나그네는 꼭꼭 여몄던 외투를 벗고 환하게 웃습니다.

해설 ●●

1. 선생님과 현수의 대화를 잘 들어 보면 알 수 있습니다. 시냇물이 어떻게 흐르냐는 질문에 현수는 시냇물이 졸졸 흐른다고 하였습니다.

2. 달팽이는 이른 아침부터 집 한 채 지고 이사를 간다고 하였습니다.

3. 집을 세는 말로 '채'가 있습니다.

4. 우리 가족은 아빠, 엄마, 누나, 나, 아기 이렇게 다섯입니다.

5. '껄껄껄껄, 하하호호, 히히호호, 낄낄낄낄, 히죽히죽' 모두 잘 웃어서 우리 식구는 즐겁다고 하였습니다.

6. 편지의 맨 앞과 맨 뒤를 보면 받는 사람과 보내는 사람을 알 수 있습니다. 두 편지는 보고 싶은 딸에게 보내는 아빠의 편지와 아빠의 편지를 보고 답장을 쓴 채린이의 편지입니다.

7. 채린이는 오늘 쪽지 시험을 봤는데 좀 어려웠다고 했습니다. 그래서 더 열심히 공부해야겠다고 생각했습니다.

8. 채린이는 일 때문에 호주에 가신 아빠를 조금 있으면 본다는 생각을 하니까 벌써부터 떨린다고 했습니다.

9. 밑줄 친 부분에 들어갈 말은 '어찌하다'에 해당하는 말입니다. '무엇을'을 잘 보고 골라 봅니다. '책을 읽는다'가 맞는 문장입니다.

10. '무엇을'에 해당하는 말을 찾는 문제입니다. '마신다'의 대상을 찾아봅니다. '주스를 마신다'가 맞는 문장입니다.

선생님 : 현수야, 우리 흉내 내는 말 맞히기 놀이를 해 볼까?
현 수 : 예, 좋아요.
선생님 : 시냇물이 어떻게 흐르지?
현 수 : 시냇물이 졸졸 흘러요.
선생님 : 맞아. 아주 잘했어.